MARTINE FALLON

MA CUISINE ÉNERGIE

luc pire

Toutes les photographies ont été prises par **Steven Ledoux**. Les portraits de Martine Fallon, à l'exception de celui en page 17 (Steven Ledoux), ont été réalisés par **Pascale de Cannart d'Hamale**.

Ma cuisine énergie
Edition 2009, revue et augmentée.

Quai aux Pierres de Taille, 37-39 - 1000 Bruxelles
www.lucpire.eu

Graphisme et mise en pages : Emmanuel Bonaffini

Imprimé à Eupen (Belgique)

ISBN : 978-2-50700-274-9
Dépôt légal : D/2009/6840/113

MARTINE **FALLON**

MA CUISINE ÉNERGIE

100 recettes
gourmandes pour devenir beau, drôle,
mince, jeune, audacieux et intelligent,
ou le rester si on l'est déjà !

LUC PIRE

Offrandes vitales et gourmandes avec l'expression de tout mon amour.

À mes filles, pour ce qu'elles sont et deviendront.

Merci à Hippocrate, premier de nos médecins, pour sa caution morale et pour avoir écrit il y a si longtemps : « Que ton aliment soit ton médicament. »

Petite colle juste pour rire et savoir si vous êtes déjà ou toujours intelligent : né en 460 AC et disparu en 356 AC, à quel âge est-il mort ?*

*(réponse à l'envers en bas de page)

104 ans. Comme quoi, il n'y a pas d'âge pour être en bonne santé et comme quoi aussi, nos ancêtres savaient assurer.

L'**ÉNERGIE**
EST UN TÉMOIGNAGE

« Rechercher dans chaque accident l'opportunité. »

Winston Churchill

Je suis tombée dans les casseroles de l'énergie il y a 21 ans déjà, dans des circonstances somme toute assez banales. Je me trouvais, six mois après la naissance de ma première fille, dans un état de perte d'énergie totale, motivée surtout par la folle décision que j'avais prise à l'époque de travailler jusqu'au soir de mon accouchement (je dirigeais une affaire de prêt-à-porter) et de reprendre mes activités professionnelles et « ma vie d'avant » le plus tôt possible, soit huit jours après notre retour triomphant de la maternité. Je ne vous raconte pas la déconvenue…

Je menais à l'époque (pas si belle que cela) une vie semblable à celle de beaucoup de femmes, je courais dans tous les sens, convaincue qu'il me fallait à tout prix, et je l'ai payé cher, mener de front et tambour battant pour mériter mes galons de femme idéale une vie privée de type *geisha* (bon, depuis lors, j'ai fait du chemin mais je n'ai jamais arrêté d'aimer les hommes et ils n'ont jamais, eux non plus, arrêté de m'aimer, comme quoi on peut vraiment se faire peur avec pas grand-chose…), une vie sociale *pipole* et une vie professionnelle d'*executive woman*.

Quant à mes critères de bien-être personnel, j'étais nettement plus centrée sur le contenu de ma garde-robe que sur celui de mon frigo, sur ma coupe de cheveux que sur celle de mes poireaux et sur le profil de ma Maserati décapotable que sur celui de ma rate décapotée !

Épuisement oblige, je me mis donc à la diète énergétique, découvrant la magie austère du riz complet et du poisson vapeur, la saveur terreuse du jus de betterave, les tristes plaisirs du navet et du chou-rave émincés tout en me noyant, pour éviter toute pulsion gourmande, dans des bains de tisane anti-acide.

Il s'en est suivi une période trouble où, ayant découvert une énergie nouvelle et totalement inespérée, je naviguais entre de multiples fonctions contradictoires, cumulant cette fois mes rythmes d'avant, le travail, la maison, le mari, mon bébé, mes états d'âme et la nouvelle chasse à la courgette et au poulet bio.

Je n'avais rien compris. Plutôt que de me remettre en question dans mes choix de vie, je décidai de mettre cette nouvelle puissance de feu au service de mes besoins de paraître, convaincre, séduire et diriger.

Arriva l'accident.

Deux taxis au fond de la Turquie qui se font la course. Une nouvelle grossesse à peine commencée.

Le visage comme une meringue écrasée. Les compteurs, panne oblige, à zéro. Cette fois-ci, plus d'histoires à se raconter, fini de caracoler entre deux avions, deux cocktails et deux secrétaires, sauve qui peut, c'est la guerre !

D'abord, nous mettre à revivre avec ma petite fille de 3 ans, piégée comme moi dans ce tas de ferraille, et puis mon nouvel enfant à naître, à faire naître, sept mois de femme-serre, une paille fichée entre des mâchoires cadenassées, deux yeux bleus perdus dans un *facies* défiguré, bonjour *Frankenstein*.

Résiliente dans l'âme – merci Papa ! –, je me battis pour me reconstruire, moi et mon visage, me recadrer avec mes filles, comprendre ce qui m'arrivait, remettre cette fois de l'ordre dans ma vie et trouver un nouveau souffle.

Commença un voyage initiatique qui me poussa à découvrir les arcanes de la diététique énergétique et de l'alimentation vitale. Gourmande et cherchant sans arrêt les chemins de traverse, pour mon propre plaisir et celui des miens, j'inventai une cuisine métisse et légère, antioxydante à souhait, faisant la part belle aux légumes et aux fruits, aux sauces et aux coulis, aux poissons et aux viandes de qualité tout en cherchant dans les divines épices l'inspiration subtile pour donner enfin le *glamour* tant attendu à ces produits nature travaillés tels qu'ils sont et qui nous font tant de bien.

Sous l'impulsion de la vache folle et de la dioxine, démarrent alors des cours de cuisine autour de premières tablées de copines, des animations scolaires, des cours pratiques où les papilles enfin s'éclatent. Suivent les premières cures détox sur des voiliers en Turquie, histoire de piéger les hommes et de leur faire comprendre qu'ils ne vont pas aussi bien qu'ils le pensent et qu'on peut aller tellement mieux, gonades et neurones en tête (faut bien les motiver avec ce qui les touche en premier !) si on chasse les toxines de son assiette. D'autres histoires de cures suivront aussi. Et d'autres cours. Et me voilà enfin dans un premier livre où je vous raconte l'essentiel pour atteindre sans peine cet état de grâce énergétique qui est le mien depuis presque très longtemps et que j'ai bien sûr envie de partager avec vous.

Arme anti-âge et anti-stress, anti-kilos et anti-déprime, la cuisine plaisir de l'énergie, c'est aussi un concept d'alimentation juste et responsable, conscient des enjeux et des dérives que nos comportements fast-foudiens risquent d'entraîner en termes de santé, de coût social et d'équilibre pour l'environnement et la planète. Tant il est vrai que la manière dont nous mangeons, au-delà des effets immédiats sur notre profil, notre vitalité, notre bien-être et la qualité de ce que nous pouvons devenir, nous entraîne à cautionner un projet de société plutôt qu'un autre.

Puissiez-vous avec moi (re)trouver dans le creux d'une assiette réconciliée, loin de toute boulimie et de tout régime abrutissant, l'influx nécessaire pour vous inventer une belle et forte vie, redevenir beau, intelligent, audacieux, amoureux et drôle, ou le rester si vous l'êtes déjà et partager avec ceux que vous aimez ce que vous avez en vous de plus précieux. Tout en continuant, c'est de bonne guerre, à apprécier de temps en temps un repas plus ou moins défendu.

Avec un petit bémol. Au début, vous risquez de cafouiller, tâtonner, vous planter parfois avec des appareils inconnus et des préparations inédites. Ne vous laissez pas démonter pour autant. À force de vous répéter et avec ce premier petit livre de recettes si faciles – finalement c'est moi qui ai ramé pour vous –, vous deviendrez très vite un(e) chef étoilé(e), en pleine santé et à nouveau (ou enfin) absolument convoité(e) !

Bruxelles, août 2009

L'**ÉNERGIE** EST UNE ATTITUDE

« Nos désirs sont des pressentiments des facultés qui sont en nous, annonciateurs de ce que nous allons être capables d'accomplir. »

Goethe

Se régénérer, perdre des kilos et des années, neutraliser le stress, booster sa vitalité et ses neurones, redevenir audacieux, amoureux et entreprenant, d'accord mais à condition de rester dans le plaisir et l'abondance.

La Cuisine de l'Énergie, ce n'est pas un régime pour trois semaines, c'est un changement d'attitude pour toute la vie, une logique de fond qui part du rejet de ce qui nous plombe, nous use, nous pollue et nous rend malade. C'est l'apprentissage gourmand de tout ce qui tourne autour de ces aliments magiques et naturels que notre corps et notre tête réclament à grands cris pour faire exploser leur forme.

En basculant dans les casseroles de la cuisine de l'énergie, on apprend à ne plus avoir faim tout en restant dans le plaisir des papilles. Même au creux de l'hiver avec un poireau, une endive ou une boule de céleri qu'en un tour de main on réussit à rendre totalement irrésistibles.

En quinze jours à peine, l'humeur change, la balance pique du nez, les nuits deviennent sereines, le corps se resculpte et l'audace revient. L'envie de grignoter disparaît, la peau embellit, les gencives rosissent et l'œil s'éclaircit.

Petit à petit, les goûts évoluent, l'appétence pour le sucré et les aliments dénaturés qui nous intoxinent nous abandonne et nous commençons à fantasmer sur des légumes frétillants, des coulis ensorcelants et des poissons étincelants.

On comprend la relation subtile entre les saveurs de l'assiette et les belles humeurs du cœur et de l'esprit ; entêtantes, acides, amères, douces, piquantes ou salées, elles rythment nos émotions et les ajustent au gré des saisons.

Très vite, on ressent l'énorme potentiel que cette nouvelle énergie nous réserve. On apprend à gérer nos attitudes pour qu'elles s'accordent à de nouveaux projets de vie à l'enthousiasme tout à coup décoiffant. On dégage enfin le tigre (la tigresse) tapi(e) au fond de notre moteur. Et c'est le grand départ pour (re)devenir soi, en mieux.

On réalise en même temps qu'en se faisant du beau et du bien, c'est aussi de tous ces désordres alimentaires qui menacent notre (sur)vie et celle de nos enfants que nous décidons de sortir. En adoptant de nouvelles attitudes gourmandes en cuisine, c'est aussi un choix responsable et citoyen que nous posons dans le respect de ce que nous portons de meilleur en nous, pour notre propre compte et pour celui de ceux que nous aimons.

la de l'énergie

L'**ÉNERGIE** EST UNE PUISSANCE

« Ce n'est pas parce que c'est difficile que l'on n'ose pas,
c'est parce que l'on n'ose pas que c'est difficile. »

Sénèque
4 av. J.-C. - 65 ap. J.-C.

« **ÉNERGIE** », jamais peut-être n'a-t-on autant prononcé ce mot.

On n'en a jamais pourtant autant manqué : dépressions déclarées ou latentes, fatigues symptomatiques ou chroniques, allergies et intolérances alimentaires, inconforts digestifs, métabolismes engorgés, kilos toujours en trop, et surtout ce manque de tonus et d'enthousiasme qui nous font baisser les bras à la moindre contrariété.

Mais où donc est passée la force de nos ancêtres qui leur a tant permis, dans des conditions souvent difficiles, d'aller au bout de leur légende personnelle et de réagir avec cette puissance et cette créativité qui semblent aujourd'hui nous avoir désertés ?

On est d'accord : il y a une grande différence entre l'état de non-maladie où on se sent juste pas en forme, avachi et apathique, emporté par la moindre contrariété, et l'état de grâce où on n'a peur de rien et où on se sent prêt, tous les jours, quelles que soient les conditions, à déplacer des montagnes. Il faut constater que le bonheur est bien là, dans le développement et l'entretien d'une énergie fondamentale. Mais où donc la trouver ?

Pas compliqué : l'énergie, selon les Anciens[1], se puise à trois sources : les gènes, la respiration et l'alimentation.

Les **gènes**, on ne les choisit pas, on naîtra avec un sac d'énergie qui nous vient de nos parents et des leurs, et dont le contenu dépendra de la vie qu'ils ont eux-mêmes menée. On peut juste apprendre à gérer cette énergie en bon père de famille sans la disperser aux quatre vents.

[1] Selon les principes de la médecine chinoise, vieille de plus de 5 000 ans.

C'est un peu la fable du lièvre et de la tortue : on peut venir au monde avec un potentiel d'énergie fantastique que l'on épuisera très vite parce que l'on se sent inoxydable et que l'on brûle la chandelle par les deux bouts. On peut faire l'inverse aussi et jouer à l'économe avec un paquet de départ pas très folichon et finir par gratter Tarzan au poteau. Question d'hygiène de vie.

On transmet cette énergie bien entretenue ou gaspillée aux générations qui nous suivent. Pas compliqué dès lors de comprendre que, de grands-parents à petits-enfants, depuis cinquante ans, avec cette malbouffe qui nous engorge, l'on se sente de moins en moins fringuant, bonjour les spermatozoïdes qui piquent déjà du nez…

À moins d'inverser la vapeur, d'apprendre à chouchouter notre capital énergie et de se redynamiser le métabolisme. Surtout avant de faire des enfants, question de remettre les pendules à l'heure et de leur garantir déjà le plein d'énergie et de santé primale (corps et cerveau) avant qu'ils n'arrivent au monde.

La respiration, parlons-en. On ne sait plus respirer. Les Chinois disent que nous respirons à la limite de la mort. Une bonne respiration est pourtant fondamentale : elle apporte la vie et fait circuler l'énergie, elle oxygène nos cellules, donne de l'esprit et de l'espoir à nos neurones. Encore faut-il choisir l'air que l'on respire. Et quand la vie nous condamne à rester dans des espaces bétonnés, à nous de retrouver le temps des balades régénérantes en forêt, en montagne ou au bord de la mer.

L'alimentation, voilà, on y est ! Impossible de développer une belle vitalité et une puissance de feu si on se considère comme une poubelle et qu'on continue à ingurgiter ce n'importe quoi dénaturé qui, depuis deux générations déjà, fait le quotidien de nos assiettes.

C'est une évidence : nous ne pouvons pas être en forme en ingurgitant des aliments empoisonnés, déformés, devenus totalement inadaptés à nos besoins, transformés par des préparations inappropriées qui nous intoxinent, nous dépriment, nous assomment corps et esprit, nous engorgent de cellulite et de kilos en trop et agissent comme de véritables *serial killers* sur notre immunité, nos neurones et notre métabolisme.

Cette vitalité de nos ancêtres, si nous voulons la regagner, intuitivement nous le savons déjà, passe par notre assiette. Une assiette qui devrait être débordante de fruits et de légumes de saison, frais et naturels, d'huile d'olive pure et non trafiquée, de protéines de qualité et de céréales d'avant, du temps où elles nous faisaient encore du bien. Une assiette dont on aura banni produits chimiques et acidifiants, sucreries perfides, sauces cuites, cuissons agressives et préparations inadaptées.

Le tout dans le plaisir et la gourmandise évidemment car, lorsque l'on passe à table, c'est encore et avant tout pour y vivre un moment de bonheur. Parce que l'on est bien d'accord : si on opte pour cette nouvelle énergie de fond qui, très vite, nous fait passer d'un volant de 2 CV à celui d'une Ferrari, on s'accorde les informations et les apprentissages qu'il faut pour pouvoir vite ressentir, même pressé, la joie subtile du plaisir pur en cuisine...

On arrête aussi de se prendre la tête en se disant que tout cela est trop compliqué.

C'est clair qu'au début, on patauge un peu (c'était un peu la même chose quand on est monté sur son premier vélo) mais très vite, en se gardant clairement à l'esprit l'objectif de la résurrection, les résultats sont là et ensuite ce n'est plus que du bonheur.

CE DONT NOUS AVONS BESOIN

L'organisme, pour fonctionner en mode majeur, doit trouver dans son alimentation des aliments non seulement vivants et non trafiqués, mais calibrés aussi en fonction de nos besoins. Des besoins qui changent avec notre âge, nos activités et notre métabolisme de base.

1. **Besoin de glucose**, et du bon, comme **combustible pour alimenter notre énergie**. Vive les sucres lents qui nous garantissent une belle énergie de fond sans les sautes d'humeur (excitation-apathie) des sucres rapides. On les trouvera principalement dans les céréales complètes, les légumineuses, les légumes et les fruits qui contiennent des fibres.

2. **Besoin de protéines** comme **matériaux de construction**. Comme on aurait besoin de bonnes briques pour construire sa maison, on opte pour des protéines de qualité en favorisant les poissons, gras de préférence car riches en oméga 3 (vive la sardine, l'anchois et le maquereau !), les œufs frais et naturels au jaune consommé cru, les viandes blanches, les huîtres sélectionnées, les viandes rouges maigres (adieu les saucisses et les pains de viande, même bio !), les chèvres frais, les yaourts entiers aux bons ferments et la mozarella de bufflonne. Le tout dans des quantités journalières qui varient suivant l'âge (150 g/jour

max pour 1 adulte mais 300, voire 400 g/jour pour un ado en pleine croissance qui se prend 10 cm en un an).

3. **Besoin de vitamines et minéraux** en pagaille pour assurer **construction et équilibre cellulaire, immunitaire, neurologique**, garantir la bonne métabolisation des acides gras et lutter contre l'acidose, véritable porte ouverte à l'oxydation, au vieillissement et à l'épuisement de l'organisme (p. 29).

4. **Besoin d'acides gras 3-6-9** pour assurer la bonne **construction cellulaire, immunitaire, neurologique**, lutter contre le mauvais cholestérol et, mais oui vous lisez bien, contre les kilos en trop : huile d'olive, de tournesol, de carthame, d'amandes, de noix, de germe de blé, de pépins de courge et de raisin, d'argan, consommées toutes crues à l'exception de l'huile d'olive que l'on pourra, seule, utiliser pour la cuisson.

5. **Besoin d'eau pure**, très faiblement minéralisée, non polluée et qui en plus arrivera là où on l'attend vraiment, au cœur d'une cellule qui a soif et qui a sans arrêt besoin d'être nettoyée. Pour cela, il faut que l'agencement de ses molécules soit propice à sa pénétration, soit hexagonale. Des appareils existent pour transformer votre eau du robinet en eau magique (voir *Bombe énergétique**, p. 58).

6. **Besoin de bases, rien que des bases** pour lutter contre l'acidose oxydante et invalidante (p. 29).

* *Bombe énergétique* est le deuxième volume de cette collection.

Dorénavant nous utiliserons les initiales BE pour mentionner ce titre.

Ce qui nous fera au total par adulte :

800 g de légumes par jour (non ceci n'est pas une faute de frappe)
300 g de fruits
150 g de protéines animales
10 c. à s. de céréales complètes
4 c. à s. d'acides gras de première pression à froid oméga 3-6-9

Tous ces aliments seront **issus de l'agriculture ou de l'élevage naturels ou biologiques**, de saison, récoltés sur les lieux de vie ou issus du commerce équitable.

1 l au moins d'eau pure et vivante
1 verre de vin rouge par jour grand max
Sans oublier les 20 % de crasses qui font que la vie reste belle et conviviale. Nous ne serons jamais non plus des toxicos du bio ni des ayatollahs du manger correct. On apprend les règles pour comprendre que c'est souvent en dehors de celles-ci que la vie reste belle.

Un pot-au-feu super acide partagé avec des amis super alcalins vaut parfois mieux qu'un triste « riz complet-légumes vapeurs » orthorexiste consommé tout seul dans sa petite cuisine... D'autant que l'on aura appris les techniques détox pour se mettre au vert le lendemain et se recharger illico les batteries.

À moins que ces premières idées de recettes ne fassent changer vos amis d'avis sur le bœuf en daube. Mais attention : vous risquez, comme moi (quel bonheur tout de même !), d'être vite envahi(e)...

CE QUI NOUS DÉPRIME LA MINE

Les sucreries et les sucres rapides, les excès de protéines, les aliments dénaturés, les céréales blanches, les graisses saturées d'origine animale terrestre, les graisses trafiquées, y inclus les margarines et les beurres frigo-tartinables, les mauvais acides gras pervertis car extraits à chaud, les huiles hydrogénées ou partiellement hydrogénées, les sodas et boissons industrielles, les préparations industrielles, les impétrants chimiques d'autant plus sournois qu'on ne les devine pas, les excitants comme le café et les alcools, l'eau du robinet, tout ce qui intoxique, déminéralise, oxyde, épuise l'organisme qui, comme un simple clou qui rentre dans la rouille, inexorablement se met à vieillir et à dysfonctionner.

On évitera aussi les associations qui fatiguent notre organisme en imposant un surcroît de travail à nos intestins : on privilégiera surtout les fruits loin des repas et, au cours de ceux-ci, les associations céréales et légumes ou protéines et légumes (sauf pour les enfants qui ont besoin de se construire à tous les repas, nécessitent donc 3 prises de protéines par jour et ne peuvent dès lors pas dissocier).

Ces dissociations seront suivies surtout pendant les cures détox que l'on s'organise si possible quatre fois par an, aux changements de saison et, en dehors de cela, tant que l'on n'a pas atteint son poids optimal.

LES CUISSONS JUSTES

Pour préserver intacte la richesse minérale, vitaminique et enzymatique de nos aliments, pour abîmer le moins possible les protéines qui souffrent le martyre à la cuisson et nous le font payer cash à coups de molécules cancérigènes et de plaques obstruantes sur la paroi de l'intestin (on vaut mieux que cela…), la meilleure cuisson serait-elle dans le cru ?

D'après les Chinois toujours, et bien ce n'est pas tout à fait juste. Ils nous recommandent de respecter deux lois.

Stop au tout cru et vive la cuisson juste

Si nous perdons une partie des précieux nutriments en cuisant nos aliments, nous les rendons en revanche beaucoup plus digestes. Autant d'énergie vitale économisée pour des choses plus utiles que leur simple métabolisation. L'allure efflanquée et souvent déminéralisée des talibans du tout cru parle d'elle-même…

Donc, on recherche l'équilibre entre cru et cuit, et on consomme si possible le cru en premier, histoire de faire profiter le second des enzymes vivantes présentes dans le cru.

Chaud ou froid en accord avec la saison

En hiver, nous avons besoin de consommer du tiède/chaud pour réchauffer notre zone d'assimilation. Notre métabolisme cherchera de toute façon à réchauffer l'aliment avant de le digérer, encore une perte d'énergie ! On bannit donc le cru et le froid pour éviter de se fatiguer, de ballonner et même de prendre du poids.

Et quand on n'a pas le choix (*lunch boxes* par exemple), on réchauffe les aliments froids en y ajoutant des épices chaudes, comme le curcuma ou le gingembre… Ou on se la dépose sur le radiateur dès que l'on arrive au bureau, le temps de les tiédir (*exit* bien sûr les *lunch boxes* en plastique !)

En été, on rafraîchit à l'inverse notre zone d'assimilation, sans pour autant la congeler. Un excès de froid pourrait hypothéquer la bonne assimilation de nos aliments. Les glaces et sodas givrés, en plus de leurs contenus explosifs, sollicitent notre énergie et nous encrassent.

En définitive, vive les cuissons douces qui abîment le moins possible : cuisson vapeur, hypocuisson au four, cuisson à grande eau mais très écourtée en version *al dente* pour des légumes que l'on refroidit aussitôt après cuisson (ou arrosés immédiatement à l'huile d'olive crue – ah ! les merveilleux *antipasti* à l'italienne !), déshydratation au déshydrateur (vive les bonbons de mangue, d'ananas et de tomate), cuisson instantanée au wok ou encore cuisson plus longue et toute douce à l'étouffée (faut quand même être un peu patient !).

Des légumes cuits *al dente* et refroidis aussitôt se conserveront 48 h au frigo dans des bocaux en verre et se réchaufferont au wok dans un soupçon d'huile d'olive parfumée à l'ail, au gingembre, au thym ou au romarin frais.

Les viandes et les poissons pourront aussi mariner dans une huile d'olive aux épices (p. 134) et subir un tendre aller-retour sur le grill, juste pour les marquer. Finition éventuelle en hypocuisson au four.

On fuit comme la peste : cuisson au micro-ondes qui dénature les aliments et plombe leur énergie (et la nôtre), casseroles à pression (température trop élevée), plaques à induction (rayonnements magnétiques intenses) et fritures.

L'**ÉNERGIE**
EST BASIQUE

D'aucuns prétendent, des Chinois encore, que nous serions conçus pour fonctionner en puissance et en harmonie, pièces et main-d'œuvre, jusqu'à 120 ans…

Des exemples, il y en a, visez les Crétois, les Hunzas ou Japonais traditionnels, voire les centenaires d'Okinawa.

Dans la série, on passe plutôt pour de mauvais élèves.

C'est que chez nous, on acidifie, et de plus en plus fort, et de plus en plus jeune, à force de vivre dans des conditions contre-nature stressantes pour l'organisme et de se rabattre sur une alimentation oxydante et totalement déchargée des minéraux basiques dont nous avons justement besoin pour, entre autres, lutter contre cette acidose qui nous tue. Or le corps, pour survivre, doit neutraliser cette acidité. Le pH du système sanguin, contrairement aux autres organes, ne peut en effet bouger d'un iota. Que fait alors l'organisme pour se défendre ? Pas bête : il va puiser dans les cellules, les os et les neurones les minéraux basiques tels magnesium, calcium, potassium, pour neutraliser le bol acide qui le percute. Ce faisant, on se déminéralise. L'organisme, lentement mais sûrement, s'oxyde et rentre dans la rouille : ballonnements, gencives qui saignent, rides prématurées et peau terne, cheveux déconfits, retours d'acidité, articulations douloureuses, ostéoporose galopante, problèmes intestinaux… Cet état de déconfiture programmée qu'on appelle communément le « vieillissement » n'est fort heureusement pas aussi inéluctable que certains esprits (acidifiés ?) le prétendent…

Pour s'en sortir, on évite les aliments trop acides ou on les neutralise avec des concentrés d'aliments basiques. On privilégie la consommation d'aliments basiques à 75 % et on limite les aliments acides/acidifiants à 25 % (certains, aux fonctions bien précises, restent indispensables, comme les céréales et les protéines). Pas question non plus de refuser une coupe de champagne (acidifiante) et d'acidifier tout le monde avec nos attitudes ayatollesques si on peut la neutraliser avec un jus de pomme-persil-fenouil pris juste avant.

On se fait aussi un état des lieux de tout ce qui nous acidifie en dehors de l'assiette : excès de stress, mauvaise respiration, manque de sommeil ou d'amour, incompatibilités géobiologiques (énormément de déséquilibres énergétiques auraient comme origine le simple fait de dormir dans un lit mal orienté ou perché sur des courants magnétiques destructeurs), ennuis professionnels ou familiaux répétés, vies bétonnées loin des espaces alcalins des forêts ou des bords de mer, alcool et cigarette, tout y passe et on arrête aussi de croire que, parce que l'on est jeune ou très jeune, nos cellules échapperont au massacre : de plus en plus d'ados rentrent en souffrance à force de manger, respirer, boire et fumer acide ; leur métabolisme souffre, leurs articulations se raidissent, les neurones s'affolent, leurs allergies explosent, la cellulite s'installe et la fécondité s'épuise.

Vite, des bases, à tous les âges et en pagaille s'il-vous-plaît !

Aliments acides et acidifiants : sucres raffinés, protéines animales, céréales (sauf riz complet, quinoa et maïs), graisses saturées et dénaturées (« trans »), margarines, produits laitiers, céréales blanches, légumineuses non germées (bonjour les macrobio qui nagent dans l'acidose), noix et noisettes, produits chimiques, alcool, café, cigarette, champagne, vin blanc, rosé, sodas, jus en bouteille, plats mijotés, charcuteries, conserves, préparations industrielles, fritures, mayonnaises en pot, eau du robinet, fruits hors saison, ananas bateau, épinards, champignons (sauf les *shitake* et les pleurotes), oseille. Remarque : les protéines et les céréales complètes sont nécessaires à notre organisme. À consommer donc malgré leur bémol acide mais avec modération et en association avec des bases.

Aliments basiques ou alcalinisants : légumes verts ou colorés, graines germées, fruits de saison, et plus particulièrement pêches, pommes, poires, prunes, abricots très mûrs, bigarreaux, figues, mirabelles, melons, pastèques, grosses fraises, raisins, myrtilles, groseilles à maquereau, mangues, grenades, kakis, papayes, citrons, bananes, amandes (sauf la peau), châtaignes, dattes, raisins secs, laits végétaux (sauf lait de soja), olives noires conservées à l'huile, avocats, huiles pressées à froid, sucre intégral, plantes aromatiques, extraits de plantes, jaune d'œuf et huîtres sélectionnées, thé vert, tisanes, eau vivante, amour, fous rires et bonne humeur, le tout à consommer sans modération.

Pour se recharger en bases à des moments difficiles (on ne choisit pas toujours, bonjour patron !), on se dégoupille de temps en temps une bombe énergétique naturelle aux bases explosives (voir BE p. 42).

Et on va à nouveau rechercher l'équilibre dans nos émotions, certaines, vous l'avez compris, étant définitivement plus acidifiantes que d'autres. Comme quoi, on n'a que le bien que l'on se fait…

L'**ÉNERGIE**
EST UN ÉQUILIBRE

« Ne marche pas si tu peux danser. »

Anne van Stappen, éd. Jouvence

Selon la médecine chinoise, 5 saveurs rythment l'équilibre (ou le déséquilibre) de notre organisme : **l'acide, l'amer, le doux, le piquant et le salé**. Nos organes vont s'assembler deux par deux dans des loges énergétiques (cinq au total) et vont s'équilibrer ou se déséquilibrer au gré de la saveur correspondante : **le foie et la vésicule biliaire** avec la saveur **acide** ; **le cœur et l'intestin grêle** avec la saveur **amère** ; **la rate, l'estomac et le pancréas** (pour une fois ils sont trois) avec la saveur **douce** ; **le poumon et le gros intestin** avec la saveur **piquante** ; **les reins et la vessie** avec la saveur **salée**. Au cœur de chaque loge, l'énergie de l'un dépendra de l'énergie de l'autre. En faisant du mal à l'un, on fera souffrir l'autre avec un effet domino sur les autres loges organiques qui sont toutes reliées énergétiquement. Et cela se répercute sur tout le métabolisme, dans le bon sens comme dans le mauvais.

Travaillées dans une approche subtile – le potiron et non pas le sucre pour la saveur douce, l'algue ou le poisson et non pas le chips pour la saveur salée –, ces saveurs apporteront suavité et équilibre à des organes qui nous chouchouteront à force d'être chouchoutés, qui nous transporteront dans des humeurs merveilleuses et toutes en équilibre, qui nous rendront à la fois amoureux, entreprenants, audacieux, intelligents et drôles, en plus d'être déjà jeunes, minces, beaux et irrésistibles !

Mais attention ! Atteint dans son équilibre, chaque organe va renvoyer à son propriétaire une contre-humeur qui le déséquilibrera. Docteur Jekyll et Mister Hyde ? On y serait presque ! En attendant, on comprend qu'une humeur n'est juste que quand elle est dans son centre. Dans le cas contraire, elle se retournera contre nous et contre ceux que nous aimons. À méditer…

À nous, en attendant, de retrouver chaque jour les cinq saveurs dans notre assiette et à apprendre à la faire chanter tout en douceur, sans la surdoser ni la transformer artificiellement.

D'autant que chaque organe a sa propre zone de projection sur le corps et le visage. Donc, si nous voulons rester jeunes et beaux, éviter rides, pustules, bosses, fosses et amas disgracieux, apprenons à jongler avec les saveurs en respectant une assiette saine et équilibrée.

Foie et vésicule biliaire soutenus par la saveur acide

En équilibre : spontanéité, créativité, talent d'organisation, tolérance, générosité, fantaisie, courage pour s'affirmer et formuler des projets.

En déséquilibre : irritabilité, colère, envie, obstination, entêtement, intolérance, indécision, plaintes, gémissements.

Céréales : blés, couscous, épeautre, avoine.

Fruits : grenade, prune, framboise, mûre, myrtille, groseille, cassis, mandarine, pomme acide, ananas, citron, kiwi.

Légumes : persil, germes de luzerne et de légumes secs, oseille, tomate.

Divers : vinaigre de cidre.

Cœur et intestin grêle soutenus par la saveur amère

En équilibre : amour, charité, sagesse, solidarité active, ouverture aux autres, bonne humeur et rire, vision positive de la vie.

En déséquilibre : sentiment d'être incompris, bégaiement et confusion mentale.

Céréales : quinoa, seigle.

Produits laitiers : fromage de chèvre et de brebis.

Fruits : baies de sureau et pamplemousse.

Légumes : basilic, thym, romarin, poivron rouge, ortie, chicon, mâche, betterave rouge, laitue, pissenlit, artichaut, roquette, sauge.

Divers : thé vert, eau chaude.

Rate, estomac et pancréas soutenus par la saveur douce

En équilibre : personnalité équilibrée, compréhension d'autrui, esprit pratique, prise en main de sa vie, responsabilité et investissement.

En déséquilibre : buté, intolérant, inflexible, refus de prendre un risque, esprit radin, rumination, réflexion inutile centrée sur soi, dépression, difficulté à se concentrer.

Céréales : riz, millet, maïs, polenta, orge.

Fruits : abricot, pêche, cerise sucrée, datte, figue, pruneaux, pomme sucrée, banane, poire, raisin, melon, mangue, papaye, pastèque.

Divers : huile de pépins de courge, d'olive, de sésame, de germe de blé, pignon de pin, noix de coco, noix, noisette, châtaigne, amande, pistache, sésame, miel, sucre de canne, vanille, safran, cannelle.

Légumes : champignon shitaké, fenouil, patate douce, haricot vert, courge, carotte, pomme de terre, chou, potiron, aubergine, céleri-rave et en branche, courgette, épinard, bette, avocat, concombre.

Poumon et gros intestin soutenus par la saveur piquante

En équilibre : épanouissement de l'être, développement personnel.

En déséquilibre : tristesse, angoisses existentielles, craintes liées au présent ou à l'avenir, incertitude.

Céréales : avoine et riz.

Légumes : oignon de printemps, poireau émincé, raifort, oignon cru, gingembre, ciboulette, radis noir, rose et blanc, pousses de radis, cresson.

Divers : roquefort, poivre, curry, piment, ail, yogi thé, gibier, basilic, cumin, cardamome, coriandre, muscade, anis étoilé, moutarde, dinde, sauge, thé à la menthe.

Rein et vessie soutenus par la saveur salée

En équilibre : volonté et courage d'affronter la vie et de combattre les difficultés, capacité à définir et protéger son territoire, capacité à « faire face », ténacité.

En déséquilibre : angoisse, incertitude inquiétante, peur des responsabilités, manque d'audace, tendance à renoncer trop vite.

Divers : viandes séchées, parmesan, poissons et crustacés, viande de porc, légumes secs, olives, prune umeboshi, algues, tamari, agar-agar, produits lacto-fermentés (choucroute, jus Breuss...)

On a compris, on adore chaque loge organique à condition de respecter ses besoins d'équilibre. On se les chouchoute donc à coups de saveurs subtiles distribuées amoureusement dans chacune de nos assiettes.

On comprend aussi que, dans l'autre sens, la logique reste la même. Si nous nous laissons envahir par des émotions inappropriées, ce sont à nos organes chéris que nous porterons préjudice : crises hépatiques, migraines vulgaires, ballonnements, rides et cellulite sont aussi le prix à payer parce que nous acceptons de nous laisser envahir par des émotions qui ne sont ni justes, ni belles pour nous. En réajustant la qualité de la relation que nous portons à nous-mêmes et aux autres, c'est à notre métabolisme tout entier que nous rendons hommage.

L'ÉNERGIE EST BELLE

« On est ce que l'on mange. »

Dicton populaire

Tout ce que l'on se met à l'intérieur se voit à l'extérieur. À force de manger antioxydant et vivant, de sélectionner des aliments qui génèrent la vie ou qui entretiennent l'activité cellulaire, le corps, petit à petit, se transforme : les kilos s'envolent seulement là où ils sont de trop (on se les garde bien là où les rondeurs nous plaisent), le teint éclate, les rides s'estompent, les migraines et les ballonnements disparaissent, les cheveux ressuscitent, les articulations s'assouplissent, les muscles se tonifient, tous les marqueurs se mettent au beau fixe. Un beau qui jaillit de l'intérieur et qui, que l'on ait 20 ou 80 ans, nous rend vite totalement irrésistibles.

Selon les Chinois toujours, chaque organe se reflète sur une zone particulière du visage. Les cernes autour des yeux seront les marqueurs du rein. Les rides, boutons, taches de vieillesse ou de couperose désigneront le foie en marquant la tempe ou la zone entre les deux yeux (bonjour la griffe du lion !). Les joues stigmatiseront l'estomac et plus bas vers le menton les poumons ; les sourcils (plaques d'eczéma, rougeurs et pellicules), le cœur. Le front reflètera l'intestin grêle et, sur les zones verticales partant du sourcil vers les angles de l'implantation des cheveux, la vessie. La racine du nez et les sillons naso-gésiens indiqueront sans faillir la faiblesse du gros intestin.

On comprend vite que, mieux que le Botox, un métabolisme qui ronronne ou que l'on remet à jour nous évitera disgrâces et effets de bajoue pour le moins acidifiants.

L'**ÉNERGIE**
EST JEUNE

Bonne pioche : ce sont les mêmes aliments qui, en plus de nous rendre beaux, nous font remonter le temps. Nous mangeons aussi pour rester ou redevenir jeunes. On se grignote des années à coups d'antioxydants, d'enzymes, de vitamines, de minéraux et d'acides gras salvateurs, loin des régimes déséquilibrés qui, quand ils nous font perdre du poids n'importe comment et n'importe où en brutalisant notre organisme (bonjour les régimes hyperprotéinés super acidifiants !), nous font perdre aussi des années. Et on se prend à développer une forme et une beauté de fond qui nous feront traverser nos âges en nous laissant tels que nous osons enfin nous imaginer, c'est-à-dire magnifiques.

LES ALIMENTS BEAUTÉ et ANTI-ÂGE

Les graines germées et les bombes énergétiques naturelles (voir BE)

Les fruits et les légumes locaux et de saison, si possible récoltés à moins de 3 jours

Les jus fraîchement pressés

Les acides gras de première pression à froid (oméga 3-6-9) et consommés crus

Les tisanes drainantes, le thé vert et les extraits de plantes

L'eau alkaline, hexagonale et redynamisée (voir BE)

L'**ÉNERGIE**
EST UN RESSOURCEMENT

Si on veut se la jouer premier de classe, idéalement, on s'organise quatre cures détox par an (gourmandes s'il vous plaît, parce qu'on le vaut bien !), aux changements de saison, idéalement pendant les dix jours qui précèdent chaque entrée dans la saison neuve.

Histoire de se dépatouiller des toxines de la saison précédente, de perdre 2 ou 3 kilos (si si !), de se régénérer le foie et d'éviter aussi que l'organisme, en panne de porte de sortie, ne s'invente des petites poubelles intérieures, genre kystes ou engorgements cellulitiques. Que du bonheur !

Et puis, pour les lendemains de fête où on se sera quand même bien lâchés, on reprend le même protocole sur un jour ou deux.

Pour les puristes, à mi-chemin de la cure, on s'offre un jour de mono-diète aux jus de fruits et/ou légumes, histoire qu'elles se fassent vraiment la malle nos toxines et de nous réveiller le lendemain avec une forme d'enfer. Attention les yeux !

LE MATIN À JEUN :

Une eau tiède citronnée (le jus d'½ citron dans un verre d'eau tiédie) pour drainer le foie et les reins du travail de la nuit, suivi d'**un grand verre de jus fraîchement pressé**, genre pomme-carotte ou pomme-fenouil-persil ou pomme-fraise-betterave rouge (voir BE pour d'autres idées).

On évite en tous les cas le jus d'orange, même frais (les industriels on n'en parle pas, c'est pur acide et sucre, à éviter en tous les cas). Vous trouverez tout autant de vitamine C dans un jus de fraises, de prunes ou de pommes, avec un atout de taille pour la pomme : celle-ci joue un rôle déterminant dans la réduction du taux de graisse dans le corps. Trois pommes par jour et votre cholestérol baisse de 15% en 3 mois...

Quant à la carotte, elle regorge de bêta-carotène, d'antioxydants et de provitamine A, la vitamine royale pour la peau.

Ensuite, au choix :

Une tartine de pain d'épeautre au levain avec de la purée d'amandes blanches (qui fait de jolis os), de sésame (qui rend intelligent) ou un guacamole riche en vitamine E (encore un antioxydant magnifique pour la peau indispensable pour métaboliser ses compléments en oméga 3).

Bémol : on veut perdre du poids, c'est sûr, alors on supprime le pain pendant toute la cure.

Une crème budwig (p. 51)

Une crème tout à fait intelligente (voir BE p. 74)

Un porridge de flocons de riz (p. 52)

Un bol de muesli au lait végétal (amandes, riz, noisette, avoine...), en choisissant de préférence les céréales les moins acidifiantes et pauvres en gluten comme celles à base de riz, de quinoa ou de maïs

Un thé vert au gingembre et au citron (voir BE p. 67) pour la soif, tonique, amincissant et antioxydant

À DIX HEURES :

Une vitamine C naturelle de type 100 % Acérola

À MIDI :

Crudités (en été) ou **potage** (en hiver), suivi de

Riz complet (ou quinoa) et légumes cuits, sauce crue à base d'huile d'olive ou d'huiles oméga 6-9

À 16 HEURES :

Fruits en compote vapeur (p. 56) + en cas de nécessité **oléagineux** (amandes, noisettes,...)

LE SOIR :

Potage vapeur minute (2 x par semaine se faire la soupe à l'ail (p. 72), ensuite soit :

Poisson gras (3 x par semaine minimum), ou

Viande blanche (2 x par semaine), ou

Deux œufs de ferme (1 x par semaine) (le jaune doit être cru), ou

Fromage de chèvre au lait cru ou mozarella (1 x par semaine)

Légumes *al dente* à volonté.

REMARQUES IMPORTANTES :

- **On se boit beaucoup d'eau** peu minéralisée (1,5 l par jour) ou on alterne eau et tisanes drainantes.
- **On inverse si agenda oblige le repas du midi et du soir**.
- **On dîne tôt**, au plus tard à 19h30.
- **On se prend une bombe énergétique naturelle pour tenir le coup**. La cure détox, au début, quand les toxines s'en vont, c'est fatigant et acidifiant (voir BE p. 42).
- **On en profite pour se réoxygéner en forêt ou au bord de mer**, les toxines se feront la malle plus vite.
- Si on peut, on se contente de **fruits uniquement jusqu'à midi**.
- **On accentue les effets de la cure avec, sur la semaine, un hammam et un massage énergétique** (travail sur les méridiens).
- **On se rappelle que les enfants ne dissocient pas**, ils ont besoin de protéines à tous les repas.

Et si cela nous semble trop difficile, trop compliqué, trop triste ou pas assez gourmand à organiser chez soi, c'est pas compliqué, on court rejoindre Martine dans une de ses cures découvertes !

Renseignements : **www.cuisine-energie.be**

a cuisine de ergie

L'**ÉNERGIE** EST GOURMANDE

« C'est le plaisir qui gouverne le monde. »

Jean-Marie Bourre

PETITS-DÉJEUNERS,
DESSERTS ET COLLATIONS

Crème Budwig aux graines germées

*La veille, faire tremper dans de l'***eau de source** *2 c. à s. de* **graines de lin***, 2 c. à s. de* **pépins de courge***, 2 c. à s. de* **graines de sésame***, 2 c. à s. de* **graines de tournesol** *et 2 c. à s. d'***amandes** *trempées à part. Le matin, éplucher les amandes, rincer les graines et mixer le tout avec 1 verre de* **lait de riz***, 1* **pomme** *ou 1* **poire** *pelée et coupée en morceaux et 1 c. à s. de* **sirop d'érable***. Se conserve 24 h au frigo.*

Les amandes pour assurer le plein de calcium

- 7 amandes contiennent autant de calcium qu'un litre de lait.

- Le calcium du lait se métabolise très difficilement. C'est dans les pays occidentaux, donc chez nous, que l'on relève le plus de cas d'ostéoporose, bizarre non ?

Vive les amandes pré-trempées !

En les faisant pré-tremper une nuit, elles se pèlent tout de suite (attention à la peau assez acidifiante alors que la chair de l'amande est pur bases) et en plus elles auront germé et elles auront, de ce fait, boosté leur potentiel vital (enzymes, vitamines, minéraux).

Porridge à la cannelle et aux amandes

Dans une casserole, faire chauffer ½ l de ***lait d'amande****, y ajouter 2 tasses de* ***flocons de riz****, laisser épaissir, ajouter 1 c. à s. de* ***sirop d'érable*** *avant de servir.*

Décorer avec 1 pincée de ***poudre de cannelle*** *et 1 c. à s. d'****amandes*** *pelées et rôties délicatement dans 1 filet d'****huile d'olive****. Si trop épais, juste avant de servir, délayer avec un peu de* ***lait de riz*** *froid.*

Les flocons de riz, plus basiques que les flocons d'avoine

C'est la raison pour laquelle on les préfère. Les bûcherons (le grand air est si riche en bases) pourront garder les flocons d'avoine, plus riches en protéines, mais beaucoup plus acidifiants.

Crêpes si légères au petit épeautre de Provence

Passer au blender 2 verres de ***lait de riz*** *avec 2* ***œufs****, 1 c. à s. d'****huile d'olive****, 1 pincée de* ***sel****, 1 c. à s. de* ***sirop d'érable****. Ajouter de la* ***farine de petit épeautre*** *blutée (tamisée) à 50 % jusqu'à consistance d'une pâte à crêpes. Cuire les crêpes à l'huile d'olive. Servir avec 2 c. à s. de* ***beurre au lait cru*** *fondu au bain marie ou à la vapeur et mélangé avec le jus d'1* ***citron vert*** *et 2 c. à s. de* ***sirop d'érable****.*

On remplace le sirop d'érable par du rapadura ou du sirop d'agave

Le rapadura : tout comme le sirop d'érable, fortement chargé en minéraux, donc nettement moins acidifiant que les sucres raffinés, cassonades comprises, véritables bombes d'acides.

Le sirop d'agave : avec son index glycémique nettement plus bas, il vous évitera les pics hyper et hypoglycémiques garantis par les sucres classiques (voir BE p. 50).

Crème poivrée au chocolat et douceur d'orange

Fouetter en casserole et maintenir à ébullition pendant 4 min 2 verres de ***lait d'amandes****, 100 g de* ***chocolat noir 70% cacao****, le jus d'1* ***orange*** *et son zeste avec 1 g d'****agar agar****. Soupçon de* ***poivre****. Distribuer dans 4 verrines et faire prendre au frigo. Faire réduire le jus de 2* ***oranges*** *avec 1* ***anis étoilé****, 4 grains de* ***cardamome*** *et 1 c. à s. de* ***sirop d'agave****. Décorer les verrines avec le coulis ou servir à part.*

L'agar-agar, le chouchou détox des Japonaises

Gélifiant végétal à base d'algues, il remplacera avantageusement les gélatines poubelle. Pourvu de propriétés amincissantes et détoxinantes pour le foie et l'intestin, bardé d'oméga 3, il fait le plaisir des Japonaises qui s'en font de petits flans de toutes les formes et de toutes couleurs qui les font rire, rire, rire… Utiliser 2 g pour 600 ml de préparation.

Crème vapeur d'abricot et cannelle au chocolat

Passer au cuit-vapeur pendant 3-4 min 2 ***pommes*** *pelées, 4* ***abricots*** *et 4* ***dattes****. Mixer avec ½ c. à c. de* ***poudre de cannelle****.*
Décorer avec des noisettes entières passées au four 5 min et pelées juste après. Parsemer de quelques copeaux de chocolat noir.

Mousse de pomme et papaye à la vanille

Passer au cuit-vapeur pendant 3-4 min 2 ***pommes*** *et 1* ***gousse de vanille*** *fendue sur la longueur. Passer au blender avec la chair de 2 belles* ***papayes*** *bien mûres et la pulpe grattée de la gousse de vanille. Servir très frais.*

La papaye

Basique, riche en enzymes digestives (qui ne survivraient pas à la cuisson, donc on les mixe crues) visant spécialement la métabolisation des protéines, on se la mange exceptionnellement pendant un repas (chouette le dimanche avec le poulet en hypocuisson) ou après celui-ci, en dessert. Idem pour l'ananas.

Merci la cannelle, merci la vanille

La première stimule les fonctions circulatoires, cardiaques et respiratoires. Qui plus est, elle équilibre la fonction intestinale, aurait un effet régulateur en cas de diabète et ferait baisser le taux de mauvais cholestérol. Antiseptique, la seconde est un stimulant digestif.

Smoothie à la mangue et à l'avocat

Blender la chair d'1 ***mangue*** *avec celle d'1* ***avocat*** *et avec 1 c. à c. de* ***gingembre*** *râpé et le jus d'1* ***citron vert****. Servir frais.*

L'avocat de toutes les causes

Très riche en acides gras de première qualité et en vitamines A, B1, B2, B3, C et E, l'avocat contribue solidement à la régénérescence du foie. Riche en vitamine E, puissant antioxydant, il fera notre bonheur tant dans ses versions salées que sucrées.

Milk-shake aux fruits de la passion

Blender à très petite vitesse la chair de 4 ***fruits de la passion*** *pour nettoyer les pépins, ensuite passer au chinois, jeter les pépins et réserver le jus.*

Mixer ce dernier avec 2 verres de ***lait de riz****, 2 c. à s. de* ***purée d'amandes blanches****, ½ c. à c. de* ***poudre de vanille****, ½ c. à s. de* ***sirop d'érable*** *et 4* ***glaçons****. On décore avec 1 c. à c. et ½ de* ***pistaches*** *rapidement toastées et grossièrement pilées.*

Variante :
on remplace les fruits de la passion par 4 tranches d'ananas victoria.

Crème de fraises

Passer au cuit-vapeur pendant 3-4 min 2 ***pommes*** *et 1* ***gousse de vanille*** *fendue sur la longueur. Mixer avec la même quantité de* ***fraises*** *fraîches et un peu de* ***miel****.*

Antioxydants hors pair

Fraises, airelles et cranberries, framboises, groseilles, mûres, myrtilles, raisins, pépins de grenade sont bourrés d'antioxydants qui nous prémunissent du cancer. On se les consomme à volonté au cœur de leur saison. En cas de *candida albicans* (voir BE p. 47), on ne peut plus consommer que ces fruits-là. Alors, tant pis, on se les congèle, on n'a pas le choix.

Chaud et froid d'ananas aux épices

*Peler 4 c. à s. d'**amandes** mises à tremper la veille, les sécher avec un essuie-tout. Les faire blondir avec un rien d'**huile d'olive**.*

*Couper 1 bel **ananas** bien mûr en tranches très fines, ôter le cœur. Poser sur un plat.*

*Dans une casserole, verser le jus de 6 **mandarines**, 1 c. à s. de **sirop d'érable**, 1 **bâton de cannelle**, 1 **gousse de vanille** fendue dans la longueur et 1 dé de **gingembre** frais découpé en fins cheveux. Faire réduire à feu vif pendant 10 min. Enlever la gousse de vanille et gratter l'intérieur. Rajouter la pulpe de vanille à la réduction en fouettant.*

*Verser le liquide bouillant sur les tranches d'ananas. Servir chaud, tempéré ou frais. Décorer avec de la **menthe fraîche** et quelques **amandes/pistaches** concassées.*

Salade de pêches blanches au thé vert et aux épices

Dans une casserole, mettre ½ l d'eau et ½ botte de ***menthe*** *entière ainsi qu'1* ***fleur d'anis étoilé****, 1* ***bâton de cannelle****, ½ pouce de* ***gingembre*** *émincé à l'économe, 2* ***clous de girofle****, 1 c. à c. de* ***graines de cardamome****, ½ c. à c. de* ***poivre en grains*** *et 1* ***gousse de vanille*** *fendue dans sa longueur. Porter à ébullition, puis cuire à feu doux et à couvert pendant 15 min. Ajouter ½ c. à c. de* ***thé vert*** *et laisser infuser quelques min.*

Blanchir les ***pêches*** *à la vapeur, les peler et les couper en morceaux. Pocher les pêches dans le jus filtré. Placer au frais pendant quelques heures. Avant de servir, mélanger avec ½ botte de* ***menthe*** *hachée et une poignée d'****amandes blanches*** *pelées et juste dorées à sec.*

Thé vert contre café

Le thé vert contient plein de polyphénols, des antioxydants super puissants. En plus, il soutient la perte de poids et, tonique, remplace le café, acidifiant et mortel pour le foie, donc pour tout. Décaféiné et au lait, c'est encore pire. Quand on se fait quand même le plaisir de s'en offrir un, on se le prend *ristretto* comme les Italiens et on ne dépasse en tous cas pas un par jour.

LÉGUMES

LES POTAGES, CRÈMES ET VELOUTÉS

Velouté de chou-rave aux noix et persil plat

Peler et nettoyer 2 ***choux-raves*** *de leurs feuilles. Couper les choux, 2* ***échalotes*** *et 1* ***gousse d'ail****, faire cuire à la vapeur. Passer au blender avec 1 verre de jus de cuisson, ½* ***cube de bouillon végétal****, 1 verre de* ***persil plat*** *cru, ¼ de verre d'****huile d'olive ou de noix*** *et une pincée de* ***sel****.*

Décorer avec quelques éclats de ***noix*** *concassées et un peu de* ***graines germées****.*

Idée gourmande : on passe au blender la chair d'1 petit **navet de printemps** avec 1 **échalote** et 1 **gousse d'ail**, le tout vapeur *al dente*. On les mixe avec 3 c. à s. de jus de cuisson, 1 c. à s. **d'huile d'olive** et 1 c. à s. d'**huile d'argan**, pincée de sel, et on verse en capuccino sur les verrines de velouté de chou-rave. On décore avec des éclats d'**amande** légèrement toastés minute ou quelques brindilles d'algues **aramé** déshydratées, trempées dans de l'eau de source pendant quelques minutes, épongées et sautées quelques instants avec 1 goutte d'huile d'olive.

L'huile d'Argan fait des miracles avec les ados.

Bardée d'oméga 6 de grande qualité et d'antioxydants, elle rebooste notre immunité et est excellente pour la peau (application locale aussi). Souveraine notamment pour lutter contre les boutons des ados. Des boutons qui disparaissent comme par magie lorsqu'on bascule dans les casseroles de Martine. Qu'on le leur dise !

Crème de fenouil au persil

Procéder comme pour la recette ci-dessus en utilisant 2 ***cœurs de fenouil****, 2* ***oignons****, 1* ***gousse d'ail****, le tout vapeur et en mixant avec ½ botte de* ***persil cru****.*

L'huile de pépins de courge redynamise les prostates.

Cette fois-ci, ce sont nos hommes qui vont être contents. Donc on se remplace l'huile de noix (riche en oméga 3 bons pour le cerveau, mais bon, ils sont déjà tellement intelligents qu'on peut se la garder juste quand on dîne avec un grand blond avec forte carrure !) par un mélange huile d'olive et de pépins de courges. On décore avec des graines germées et on leur dit que c'est déjà bon pour leur libido.

Crème de carotte à l'orange

*Dans une casserole et un filet d'****huile d'olive****, faire revenir quelques minutes 8* ***carottes*** *moyennes, pelées et coupées en rondelles, avec 1* ***oignon*** *et 2* ***gousses d'ail*** *émincées, ½ c. à c. de* ***poudre de curcuma****, ½ c. à c. de* ***gingembre*** *râpé, ½ c. à c. de* ***thym/romarin*** *frais haché. Mouiller avec le jus de 3* ***oranges*** *ou de 6* ***mandarines****. Ajouter de l'eau bouillante jusqu'à ¾ de hauteur des légumes et ½* ***cube de bouillon végétal****. Laisser cuire à feu doux pendant 7-8 min. Saler et passer au blender avec 2 c. à s. d'****huile d'olive****. Décorer avec quelques tiges de* ***cressonnette*** *et 1 filet d'****huile de noisette ou d'argan****.*

Crème de potiron piquante

Remplacer les carottes par des cubes de ***potiron****, ajouter 1* ***piment rouge****, 1 c. à c. de* ***graines de coriandre*** *et 1 c. à c. de* ***graines de cumin****. Remplacer le jus d'orange par de l'eau bouillante couvrant juste les légumes. Blender comme ci-dessus mais en réservant (en la congelant éventuellement) une partie de l'eau de cuisson pour le couscous.*

Minestrone minute de plein été ou pas de plein été

Couper en brunoise d'1 cm maximum : 2 ***carottes****, 2 branches de* ***céleri vert****, 2* ***navets****, 2* ***échalotes****, 2* ***gousses d'ail****, 1* ***fenouil****, 2* ***blancs de poireaux*** *et 1* ***courgette****. Faire rôtir tous les légumes (à l'exception des courgettes) dans un filet d'****huile d'olive*** *avec 1 c. à c. de* ***thym/romarin*** *frais haché pendant 3-4 min. Mouiller à hauteur des légumes avec de l'eau bouillante, 1* ***cube de bouillon végétal*** *et 1 c. à c. de* ***sel****. Cuire encore 5 min. Ajouter les courgettes et servir aussitôt avec, garnissant l'assiette, 1 c. à s. de* ***coulis de poivron ou de tomate*** *(p. 76).*

Crème fraîche au fenouil et feuilles de kifir

Cuire à la vapeur pendant 5 min 2 bulbes de ***fenouil*** *coupés en 2 puis débités en croissants, ainsi que 2* ***échalotes*** *et 2* ***gousses d'ail****. Blender avec ½ bol de jus de cuisson, le jus d'1* ***citron vert****, 2 c. à s. d'****huile d'olive*** *et 3 feuilles de* ***kifir*** *(épiceries thaï).*

Crème de chou-fleur à la coriandre et au curry

Cuire à la vapeur pendant 5 min 500 g de ***chou-fleur*** *en bouquets avec ½ c. à c. de* ***poudre de curry****, 1 petit* ***piment vert*** *(facultatif), 2* ***échalotes*** *et 2* ***gousses d'ail****. Blender avec ½ verre de jus de cuisson, ½* ***cube de bouillon végétal****, 3 c. à s. d'****huile d'olive*** *et ½ c. à c. de* ***sel****. Décorer avec quelques feuilles de* ***coriandre****.*

Crème aux navets et panais

Passer à la vapeur pendant 5 min 1 bol de ***panais*** *et 1 bol de* ***navets*** *pelés et débités en cubes, ainsi que 2* ***échalotes*** *et 2* ***gousses d'ail****. Blender avec 1 verre de jus de cuisson, 2 c. à s. d'****huile d'olive****, ½* ***cube de bouillon végétal*** *et ½ c. à c. de* ***sel****. Décorer avec des* ***herbes fraîches*** *de saison et un filet d'****huile de pépins de courge****. Rallonger si nécessaire avec un peu d'eau.*

Velouté détox à l'ail

Peler 1 ***tête d'ail*** *et ½, enlever le germe si nécessaire. Faire bouillir les gousses dans 500 ml d'eau pendant 10 min. Rajouter 1* ***oignon*** *coupé en rondelles et un cœur de* ***fenouil*** *coupé en morceaux. Cuire encore 4-5 min. Blender le tout et, avant de servir, rajouter 2 c. à s. de* ***crème fraîche de soja*** *et ½ verre d'****herbes fraîches*** *hachées (roquette-pourpier-persil-coriandre au choix).*

L'ail détoxine et fait baisser la tension. Il améliore la circulation, agit comme antiseptique pulmonaire, fait baisser le taux de cholestérol, fluidifie le sang et est hypoglycémiant. C'est un aliment-médicament par excellence. Préparé en velouté, il permet d'en ingérer des quantités importantes sans vraiment le goûter. On a plutôt l'impression de savourer un velouté aux champignons ou aux asperges.

Purée d'ail

Passer à la vapeur 5 min les gousses pelées de 2 ***têtes d'ail*** *avec 2* ***échalotes*** *pelées. Blender avec 1 verre d'****huile d'olive****. Pointe de* ***sel****. Se conserve au frigo. On se la frotte sur des bouts de pain qu'on enfourne à four chaud 3 min. On en profite aussi pour parfumer en dernière minute un risotto ou un velouté.*

LÉGUMES

LES SAUCES, COULIS, MAYOS ET VINAIGRETTES

Sauce chlorophylle au persil ou au pourpier

Cuire à la vapeur pendant 5 min 1 ***échalote*** *et 1* ***gousse d'ail****. Blender avec ⅓ de verre d'eau de cuisson de légumes, ½ verre d'****huile d'olive****, 1 c. à c. de* ***purée d'amandes blanches****, le jus d'1* ***citron vert****, 1 c. à c. de* ***moutarde à l'ancienne****, ½* ***cube de bouillon végétal****, une pincée de* ***sel*** *et un verre de* ***persil*** *cru. On peut remplacer le persil cru par du pourpier ou de la coriandre fraîche. Attention, sans blender de pro (p. 151), la texture de la crème risque d'être nettement moins soyeuse.*

Coulis de potiron aux tomates confites

Prélever 3 c. à s. de ***crème piquante de potiron*** *(p. 70) et blender avec 1 c. à c. de* ***purée d'amandes****, 1 verre d'****huile d'olive****, ½* ***cube de bouillon végétal*** *et 2 c. à s. de* ***tomates confites*** *ciselées. Rectifier l'assaisonnement.*

Coulis aux tomates

*Passer 4 **tomates** pelées et épépinées à la vapeur avec 2 **gousses d'ail** pendant 5 min. Blender avec 4 c. à s. d'**huile d'olive**, ¼ de **bouillon végétal**, du **sel** et éventuellement ½ bol de **tomates confites**.*

Astuce pour l'apéro : *on peut y ajouter 2 c. à s. d'**amandes** et 2 c. à s. de **noisettes** pelées. Délicieux avec des bâtonnets de légume ou un petit bout de pain.*

Variante aux poivrons

*Passer 2 **poivrons** au four à 180°C pendant 20 min, les peler. Cuire à la vapeur une **échalote** et 1 **gousse d'ail**. Passer au blender avec les mêmes ingrédients que le coulis de tomates.*

Coulis à la betterave

*Laver et passer 2 **betteraves rouges** à l'extracteur, verser le jus écumé dans un poêlon avec 3 **échalotes** et 3 **gousses d'ail** hachées grossièrement, 1 **bouquet garni** et ½ **cube de bouillon végétal**. Faire réduire à feu vif, ôter les parties dures du bouquet garni. Passer au blender avec ½ verre d'**huile d'olive** et 1 c. à s. de **tamari**.*

Coulis à l'avocat et au pamplemousse

Mixer la chair d'1 ***avocat*** *mûr avec ½ verre de jus de* ***pamplemousse****, ½ verre d'****huile d'olive*** *et ½ c. à c. de* ***sel****.*

Aïoli énergétique

Mixer 2 ***échalotes*** *et 2* ***gousses d'ail*** *cuites vapeur avec 2 c. à s. d'****amandes blanches*** *pré-trempées 30 min. 3 filaments de* ***safran*** *pré-trempés dans 1 c. à s. d'eau bouillante, ½ c. à c. de* ***sel****, 1 petit* ***piment rouge*** *haché (facultatif) et 1 verre d'****huile d'olive****.*

Mayonnaise d'artichaut

Blender 2 ***cœurs d'artichaut*** *précuits avec le jus d'1* ***citron****, 1 verre d'****huile d'olive****, ½ verre d'****amandes*** *pelées, 1 c. à c. de* ***moutarde à l'ancienne****, ½ verre d'****eau de source*** *et 1 pincée de* ***sel****.*

Mayonnaise de chou-fleur ou de chou-rave

Remplacer les cœurs d'artichaut par 1 tasse de morceaux de **chou-rave** *ou de* **chou-fleur** *précuits al dente à la vapeur et refroidis.*

Mayonnaise aux noix de cajou et au basilic

Blender 4 c. à s. de **noix de cajou** *pré-trempées pendant 30 min et égouttées avec 1 c. à c. de* **moutarde à l'ancienne***, 3 c. à s. de* **vinaigre de cidre***, 3 c. à s. d'***eau de source***, ½ c. à c. de* **sel***, quelques feuilles de* **basilic** *et 1 verre d'***huile d'olive***.*

Mayonnaise aux amandes et à l'estragon

Remplacer les noix de cajou par des **amandes** *et le basilic par des feuilles d'***estragon***.*

Vinaigrette au tamari

*Mélanger 1 verre d'**huile d'olive** ou mélange **huile d'olive/huile de noix/huile de pépins de courge** avec 1 c. à s. de **vinaigre balsamique** ou de **vinaigre de cidre**, 1 c. à c. de **moutarde à l'ancienne**, 2 c. à s. de **tamari**, le jus d'1 **citron vert** et 1 petit **piment** finement ciselé (facultatif). Garder au frigo.*

Sauce tonifiante au curcuma

*Mélanger 6 c. à s. d'**huile d'olive** avec 2 c. à s. de **tamari**, ½ c. à c. de **poudre de curcuma**, ½ c. à c. de **poivre noir moulu**, le jus d'1 **citron vert**, 1 c. à s. de **gingembre frais** finement haché, 1 **piment oiseau vert ou rouge** finement haché (fac.), ½ **gousse d'ail** pressée et 2 c. à s. de **feuilles de coriandre** finement ciselées.*

Idéal avec poissons crus ou cuits, escalopes de blanc de poulet marinées à l'huile d'olive épicée et finement grillées (p. 134), viandes blanches ou rouges en hypocuisson (voir BE).

Le curcuma est une épice tonifiante pour le foie. Associé au poivre, il est souverain pour les parois intérieures de l'intestin. Il possède également des vertus antibiotiques naturelles.

Coulis aux olives noires

*Cuire au four en hypocuisson (80°C mode ventilé) pendant 6 h 2 poignées d'**olives noires** type kalamata dénoyautées. Les olives doivent s'effriter entre les doigts. Blender finement avec 2 verres d'**huile d'olive**.*

On peut aussi déshydrater les olives au déshydrateur (compter entre 8 et 10 h à 40°C).

Ce coulis se conserve parfaitement en dehors du frigo, fait merveille sur une assiette avec un poisson blanc, une viande rouge ou blanche.

L'**olive** est un aliment-médicament par excellence. Bourrée d'antioxydants puissants, grand protecteur du cœur, elle permet de faire monter le taux de bon cholesterol (HDL) et de faire baisser le taux de mauvais cholesterol (LDL). En cas de mauvais cholesterol trop élevé, prendre 1 c. à s. d'huile d'olive à jeun le matin. L'olive contiendrait autant de calcium que le lait de vache et 1 x ½ plus de vitamine A. Pas pour rien que l'olivier est un arbre immortel.

Sa feuille, en décoction ou en extrait, fait baisser prodigieusement la tension.

Coulis au sésame et aux pignons

Faire tremper 4 c. à s. de ***sésame blond*** *et 4 c. à s. de* ***pignons*** *pendant 12 h dans une* ***eau de source****. Retirer de l'eau et blender finement avec 5 c. à s. d'****eau de source*** *bouillante, ⅓ de* ***cube de bouillon végétal****, 1* ***échalote*** *passée vapeur, ½* ***gousse d'ail*** *pressée, le jus d'1* ***citron****, ½ verre d'****huile d'olive****, ½ c. à c. de* ***sel de Guérande****.*

Avant de servir, décorer avec de la coriandre ou du persil plat ciselé.

Étonnant avec un poisson blanc, comme *deep* à l'apéro avec des légumes crus ou encore en sauce d'accompagnement dans des pitas énergétiques. Ce sont les enfants qui vont être contents !

Le **sésame** est riche en phytostérols (anticholestérolémiants, préviendraient également la formation du cancer du côlon) et en vitamine E (antioxydant puissant). Sa haute teneur en magnésium et en potassium en fait un aliment de choix pour le cerveau.

Sauce turque au citron vert et persil plat

Blender finement 3 ***gousses d'ail*** *et le jus d'1* ***citron*** *avec ½ verre d'****huile d'olive*** *et 1 pincée de* ***sel de Guérande****. Ajouter le* ***persil plat*** *finement ciselé.*

Servir aussitôt avec du poisson grillé.

Sauce douce au citron Bergamote

*Blender 3 c. à s. d'****eau de source*** *avec le jus d'1* ***citron jaune de Nice ou citron bergamote****, 5* ***amandes blanches****, 1 c. à c. de* ***moutarde douce*** *(ou de wazabi), ½ verre d'****huile d'olive****, 3 c. à s. de* ***crème fraîche de soja****, ½ c. à c. de* ***sel de Guérande*** *et ½ verre d'****huile d'olive****. Décorer de* ***ciboulette*** *hachée.*

Le jus de bergamote peut être remplacé par du jus de citron vert ou la même quantité de jus de pamplemousse.

À servir avec de la viande froide, des asperges, des légumes vapeur, du poisson ou comme fond d'assiette sous une salade croquante.

Sauce crue au cerfeuil

*Blender finement 4 c. à s. d'**eau de source** avec 2 **échalotes** et 2 **gousses d'ail** vapeur, 1 c. à c. de **moutarde douce**, 1 c. à c. de **gingembre** râpé, 1 c. à c. de **purée d'amandes**, le jus d'1 **citron**, 1/3 de **cube de bouillon végétal**, 1 pincée de **sel de Guérande**, ½ verre d'**huile d'olive** et 1 verre de **feuilles de cerfeuil**.*

Le **cerfeuil** est très très riche en calcium, on fait circuler l'info.

Vinaigrette zen au sésame

*Mélanger 2 c. à s. de **tamari** avec 2 c. à s. de jus de **citron**, 1 c. à s. de **moutarde en grains**, 1/3 de **cube de bouillon végétal** dilué dans 2 c. à s. d'**eau de source** bouillante et 6 c. à s. d'**huile d'olive**. Faire chauffer doucement 4 c. à s. de **sésame blond** à sec dans une poêle et rajouter à la vinaigrette.*

Se sert avec des légumes ou du poisson grillé, de la viande froide, des aspics de légumes ou de poisson.

Coulis piquant au radis noir japonais

Blender 2 c. à c. de pâte de ***wazabi*** *(grandes surfaces et épiceries japonaises) avec 2* ***échalotes*** *et 1* ***gousse d'ail*** *vapeur, 2 c. à s. de jus de* ***citron vert****, 1 c. à c. de* ***gingembre frais****, 1 verre d'****eau de source****, 6* ***amandes blanches****, 6 c. à s. d'****huile d'olive****, 1 pincée de* ***sel de Guérande*** *et 2 c. à s. de* ***crème fraîche de soja****.*

Délicieux avec du poisson vapeur.

Le **wazabi** est une pâte de radis noir japonais. Le piquant du radis noir et du gingembre soutient l'énergie du poumon et du gros intestin.

Sauce yaourt au raifort et persil

Blender 250 ml de ***yaourt entier de brebis*** *avec 1 c. à s. de* ***purée de raifort*** *(grandes surfaces), le jus d'½* ***citron****, 1 pincée de* ***sel de Guérande*** *et quelques branches de* ***persil frisé****.*

Servir frais en fond de salade.

Le piquant naturel de cette sauce soutient l'énergie du poumon et du gros intestin.

Vinaigrette aux olives noires et aux amandes

Ébouillanter 10 ***amandes****, ensuite les éplucher et les sécher.*

*Mélanger ½ verre d'****huile d'olive*** *avec le jus d'½* ***citron****, 1 c. à s. de* ***persil*** *haché, 2 c. à s. d'****olives noires*** *dénoyautées et finement hachées et* ***poivre*** *du moulin. Ne pas saler.*

Concasser grossièrement les ***amandes*** *et les faire dorer à la poêle dans un fond d'****huile d'olive****. Les ajouter à la vinaigrette et servir aussitôt avec un poisson blanc.*

Coulis au pesto

Blender finement 2 c. à s. de ***pignons*** *avec 1 botte de* ***basilic frais*** *(sans les tiges), 1* ***gousse d'ail*** *crue, le jus d'½* ***citron****, ⅓ de* ***cube de bouillon végétal****, 3 c. à s. d'****eau de source****, ½ verre d'****huile d'olive****, ½ c. à c. de* ***sel de Guérande*** *et* ***poivre*** *du moulin.*

Coulis au potiron et à la pointe d'amandes

Blender 1 verre de cubes de ***potiron****, 2* ***échalotes*** *et 2* ***gousses d'ail*** *vapeur avec ⅓ de* ***cube de bouillon végétal****, ½* ***piment rouge oiseau*** *(fac.), 5 c. à s. d'****eau de source****, 1 c. à c. de* ***purée d'amandes****, ½ c. à c. de* ***poudre de curcuma****, ½ verre d'****huile d'olive*** *et 1 pincée de* ***sel****.*

La saveur douce du potiron soutient l'énergie de l'estomac, de la rate et du pancréas.

LÉGUMES

EN HORS-D'ŒUVRE, EN ENTRÉE OU EN ACCOMPAGNEMENT

Caviar d'aubergine, gingembre et basilic

*Préparer une marinade : dans 1 verre d'**huile d'olive**, mélanger 3 **gousses d'ail** hachées, 2 c. à s. de **romarin** haché, 1 c. à s. de **gingembre** râpé, 1 c. à c. de **sel**. Couper 3 **aubergines** en deux dans le sens de la longueur, faire des entailles profondes et parallèles en diagonale. Avec un pinceau, y faire rentrer la marinade au plus profond. Cuire sur papier sulfurisé, côté chair vers le bas, au four à 80°C pendant 2h30 ou à 180°C durant 20 min. Ôter la chair à la cuillère, la passer au mixer avec quelques feuilles de basilic. Rectifier l'assaisonnement.*

Variantes

Peut aussi être blendé avec quelques tomates confites (p. 92).

Comme au Liban

*Utiliser la même base que ci-dessus mais sans le basilic. Blender 2 bols de **caviar d'aubergine**, 1 c. à c. de **graines de cumin** et ½ bol de **graines de sésame** complet pré-trempées une heure.*

Caviar d'algues

*Faire tremper quelques minutes dans de l'***eau de source** *un mélange d'***algues dulse***, de* **laitue de mer** *et d'***arame** *déshydratées. Bien égoutter en pressant les algues. Les assaisonner selon goût avec un mélange d'***huile d'olive** *et d'***huile de sésame***, le jus d'1* **citron vert***, 1 petit* **piment vert** *frais et 3* **oignons** *de printemps hachés, 1 grand verre d'***herbes fraîches** *finement ciselées. Rectifier l'assaisonnement avec du* **tamari***. Tasser et réserver au frais pendant une heure au moins.*

Un aliment bon pour nous et pour la planète aussi

Méga riche en nutriments essentiels, acides aminés (protéines végétales), minéraux et oméga 3 en tête, les algues nous proposent une belle alternative aux protéines animales terriblement coûteuses en termes de déchets organiques, molécules acidifiantes et pollution de l'environnement. Ce serait grâce à leur grande consommation que nos ancêtres seraient devenus *sapiens*. Donc on apprend à se les consommer à tout va. Très vite, on adore leur parfum iodé, très proche finalement de la finesse du caviar !

Caviar de cœur d'artichaut

Cuire 4 ***artichauts*** *à la vapeur (ou à grande eau voir ci-dessous bouillon à récupérer). Mixer sans tarder les cœurs (sans le foin) au blender avec le jus d'1* ***citron****, ½* ***cube de bouillon****, ½ verre d'****huile d'olive****, 5 feuilles de* ***basilic****, du* ***sel*** *selon le goût. Consommer les feuilles avant qu'elles ne refroidissent avec un* ***coulis au persil plat*** *(p. 83).*

L'artichaut, bon pour le foie et pour les reins

Détoxifiant hors pair, l'artichaut tonifie les fonctions biliaires et hépatiques. Qui plus est, c'est un excellent diurétique. En cure détox, l'eau de cuisson des artichauts se prend en consommé avec juste ½ cube de bouillon végétal et quelques herbes fraîches hachées.

Tomates confites

Laver et couper les ***tomates*** *en 4, les épépiner. Les badigeonner d'un mélange* ***huile d'olive****,* ***sel*** *et* ***thym*** *sec et cuire en hypocuisson 3 h à 80°C. On peut aussi se les confire 6h au déshydrateur (p. 141).*

Délicieux à l'apéro sur un cure-dent avec un carré de mozzarella de bufflone.

Se conserve au frigo recouvert d'huile d'olive (récipient en verre).

Carpaccio de carotte et fondue de poireau à la menthe

Peler 400 g de ***carottes*** *et les couper à la mandoline en fines lamelles. Dans un bol, mélanger 3 c. à s. d'****huile d'olive****, le jus d'1* ***citron vert*** *et du* ***sel****. Faire mariner les carottes dans ce mélange pendant minimum 30 min. Débiter 4* ***blancs de poireaux*** *en fins cheveux. Les passer 2 min à la vapeur. Les refroidir directement à l'eau glacée. Égoutter et mélanger avec de l'****huile d'olive****, du* ***sel****, du* ***poivre*** *et de la* ***menthe*** *ciselée. Aligner sur une assiette les carottes. Poser dessus un nid de poireaux et quelques pousses de* ***graines germées****. Décorer éventuellement avec des feuilles de* ***menthe****. Blender la marinade restante avec 2 c. à s. d'****huile d'argan*** *(ou de noix) et distribuer l'émulsion sur les assiettes.*

Variantes colorées. On change de légumes comme de chemise, au gré des saisons. Et on alterne la déco en remplaçant le nid de poireaux par une quenelle d'houmous de pois chiches (p. 108) ou de tapenade d'azukis (voir la tapenade de haricots blancs, p. 110), ou bien encore un caviar d'algues (p. 90) ou tout simplement par une petite salade fraîche de saison.

Carpaccio de courgette, brunoise de navets et fanes

Couper 4 jeunes **navets** *en brunoise et laver les* **feuilles (fanes)***. Les passer à la vapeur 3 min. Refroidir dans de l'eau glacée. Dans un bol, mélanger navets et fanes ciselées, 1 petit* **citron vert** *pelé à vif et coupé en petits morceaux, 3 c. à s. de* **graines germées***, 1 c. à c. de* **gingembre** *frais en filaments, saler et poivrer. Préparer les courgettes comme les carottes en carpaccio (attention, on évite les tranches avec pépins), poser dessus un nid de fanes et navet, émulsionner la marinade des carottes avec 2 c. à s. d'***huile végétale** *(argan, noix, noisette, sésame ou carthame) et verser par-dessus.*

Le navet, bombe détox

Riche en vitamines C, le navet est aussi diurétique, dépuratif et antioxydant, donc très bon en période de détox. Sa saveur piquante soutiendra l'énergie du poumon et du gros intestin.

Une mandoline de pro mais bien assurée

Indispensable pour les carpaccio. On se l'achète en inox, avec trépied et on ne l'utilise jamais sans se protéger les phalanges (capuchons de protection ou gant de cuisine).

Flan de persil aux amandes

Passer pendant 3 min à la vapeur 2 **échalotes** *et 1* **gousse d'ail**. *Ajouter ensuite 1* **courgette** *moyenne en tranches, faire cuire encore 2 min. Laisser refroidir et réserver. Faire bouillir 1 verre de* **jus de cuisson de légumes** *(ou 1 verre d'***eau de source** *additionnée d'¼ de* **cube végétal***). Ajouter ½ sachet d'***agar-agar** *en poudre (1 g), fouetter vigoureusement et sans interruption pendant 2-3 min après ébullition.*

Blender avec 3 tiges de **persil***, 1 c. à c. de* **purée d'amandes blanches***, ½ c. à c. de* **moutarde en grains** *et le jus d'1* **citron vert***, saler et poivrer. Tapisser les bords de 4 ramequins d'une fine tranche de* **courgette** *coupée à la mandoline. Verser le mélange et faire prendre au frigo pendant 1h. Démouler et servir avec une* **sauce zen** *(p. 84) ou un* **coulis aux tomates** *(p. 78).*

Caviar de potiron au romarin

Badigeonner 4 tranches de **potiron** *pelé et épépiné avec un pinceau et de l'***huile d'olive** *additionnée d'un peu de* **romarin** *et d'***ail** *haché. Cuire en hypocuisson à 80°C pendant 1h30. Blender avec ½ c. à c. de* **sel***, 2 c. à s. d'***huile d'olive***, ½* **cube de bouillon végétal** *et ½ tasse de* **graines de tournesol** *pré-trempées pendant 1h.*

Quenelles de brocoli aux pignons

Faire cuire al dente 800 g de têtes de ***brocoli*** *à l'eau bouillante. Plonger directement dans un bac d'eau glacée. Égoutter et blender (ou passer à l'extracteur avec l'embout purée, c'est si simple !) avec 1 tasse de* ***pignons de pin****. Ajouter 1 c. à s. de* ***purée d'amandes****, ½ verre d'****huile d'olive****, 8* ***feuilles de basilic*** *déchirées,* ***sel*** *et* ***poivre****. Dresser en quenelles sur une assiette.*

Jolies mes quenelles !

On apprend à faire des quenelles avec deux cuillers à soupe, on se les moule et on se les transfère d'une cuiller à l'autre jusqu'à ce qu'elles soient belles.

On varie à l'infini

Carotte, potiron, chou-fleur, panais, fèves des marais, chou-rave, céleri-rave… poudre de curry, cumin, herbes fraîches variées, on se les adapte au goût du jour et à la saveur sur laquelle on a décidé d'insister.

Quenelles de chou-fleur au curcuma et aux pistaches

Faire cuire al dente 800 g de bouquets de ***chou-fleur*** *à l'eau bouillante additionnée d'1 c. à c. de* ***poudre de curcuma****. Refroidir, égoutter, passer au blender avec 1 bol de* ***pistaches*** *pelées, ½ verre d'****huile d'olive****, quelques* ***feuilles de coriandre****,* ***sel*** *et* ***poivre****. Dresser en quenelles sur une assiette.*

Variante : on se les fait sans poudre de curcuma et on se les accompagne avec un **coulis aux carottes et à l'orange** : on récupère 3 c. à s. de crème de carotte à l'orange (p. 68) et on se la blende avec 4 c. à s. d'huile d'olive et 1 c. à s. de purée d'amandes. Et on comprend en même temps que l'on peut se transformer n'importe quel velouté en coulis minute. Facile la vie !

Le curcuma, l'épice des dieux

Le curcuma est un puissant antiseptique (on l'appelle l'antibiotique du pauvre). Associé au poivre noir, il permet l'évacuation du mucus qui, à force de consommer des produits laitiers et des protéines carbonisées (bonjour les *barbecues !)*, finit par tapisser la paroi intérieure de l'intestin et de ce fait freiner ou empêcher le passage du bol alimentaire au travers des villosités qui le tapissent pour arriver dans le système sanguin et de là s'en aller nourrir nos cellules chéries. Et comme l'intestin est aussi notre centrale immunitaire, on comprend qu'il faut bien s'en occuper.

Lasagne de fenouil cru et épinards sautés au gingembre

Couper 2 ***cœurs de fenouil*** *en tranches fines (on se réserve les feuilles dures pour le jus du lendemain) et les faire mariner quelques minutes dans ½ verre d'****huile d'olive*** *additionnée d'1 pointe de* ***sel*** *et d'1* ***gousse d'ail*** *hachée. Réserver. Laver 500 g d'****épinards*** *et les faire fondre au wok dans un filet d'****huile d'olive*** *avec ½ c. à s. de* ***gingembre*** *râpé. Présenter sur une assiette en superposant tranches de fenouil et couche d'épinards. Fixer avec un cure-dent surmonté d'une tomate cerise. Servir avec un* ***coulis aux tomates*** *(p. 76) ou une* ***vinaigrette au tamari*** *(p. 80).*

Le gingembre bon pour la libido. Nous, on aime...

Il est aphrodisiaque, inutile d'aller le crier sur tous les toits. Dites plutôt qu'il est stimulant, revitalisant, digestif et antiseptique. Et jugez en douce des effets !

Légumes croquants mais en tajine

*Dans une casserole, verser un filet d'**huile d'olive**, 1 c. à c. de **graines de coriandre** et 1 c. à c. de **graines de cumin** grossièrement concassées, 2 **échalotes**, 1 petit **piment rouge** et 2 **gousses d'ail** hachées. Faire chauffer 2-3 min. Ajouter 4 **tomates** épluchées, épépinées et coupées en petits morceaux. Mouiller avec 2 verres de **bouillon de légumes** et faire réduire pendant 10 min à feu vif. Rajouter quelques filaments de **safran**, ½ **cube de bouillon**, une pincée de **sel**. Faire cuire encore 3-4 min. Réchauffer les légumes du wok comme ci-dessus et les ébouillanter avec la réduction de tomates. Laisser compoter 3-4 min. Servir dans des assiettes creuses avec des **olives noires** dénoyautées hachées et quelques **feuilles de coriandre** fraîche. Servir avec une boule de chèvre frais, un filet de poulet ou de poisson mariné aux épices (p. 134).*

Fromage de cajou au citron vert et à la ciboulette

*Faire tremper dans de l'**eau de source** 200 g de **noix de cajou** pendant 24h. Égoutter et mixer avec ½ verre d'**huile d'olive**, ½ verre d'**eau de source** et le jus d'1 **citron vert**. Saler. Juste avant de servir, ajouter 2 c. à s. de **ciboulette** hachée.*

Sauté de légumes au wok

Éplucher 200 g de ***carottes****, 200 g de* ***navets****, 200 g de* ***céleri-rave*** *et 200 g de* ***potiron****. Couper les légumes nettoyés comme vous voulez en variant les modes (tronçons, cubes, biseaux, mini boules, brunoise,…), les passer vapeur al dente, les refroidir à l'eau glacée (garde possible 2 jours au frigo dans des bocaux en verre) et les réchauffer juste avant de servir en les faisant sauter au wok avec un filet d'****huile d'olive****, de l'****ail*** *finement haché, un peu de* ***romarin*** *ou de* ***thym*** *frais haché. Rectifier l'assaisonnement et servir tout de suite. En accompagnement ou plat principal.*

Fenouil braisé minute

Nettoyer 2 ***fenouils*** *et n'en garder que les cœurs, les trancher finement à la mandoline, les mélanger à 3 c. à s. d'****huile d'olive****, 2 c. à s. de* ***persil*** *haché et 2* ***gousses d'ail*** *pressées, saler légèrement. Les étaler sur la plaque de cuisson du four et les laisser rôtir 4 min le plus près possible du grill.*

Variante : on se remplace le fenouil par du chicon (endive pour les pas Belges)

Il dégorge les colères. Sa saveur subtilement acide va drainer le foie et rééquilibrer ses humeurs souvent… désagréables, pour l'entourage aussi.

Blanquette de légumes au curry doux

Peler 2 ***carottes*** *et 2 jeunes* ***navets****, épépiner 2 petites* ***courgettes*** *et les couper en bâtonnets et/ou en dés. Laver 100 g de* ***mange-tout****, écosser un demi-bol de* ***petits pois****, des* ***fèves des marais*** *si on en trouve (mai-juin). Laver quelques bouquets de* ***brocoli*** *et/ou de* ***chou-fleur****. Cuire al dente tous les légumes au fur et à mesure de leur temps de cuisson dans ½ litre d'eau. Refroidir rapidement à l'eau glacée. Garder le bouillon et le remettre sur le feu pendant 5 min avec ½ c. à s. de* ***curry doux****, ¼ de* ***cube de bouillon végétal****, 2* ***échalotes****, 2* ***gousses d'ail*** *hachées et une pincée de* ***sel****. Réchauffer les légumes au wok avec un filet d'****huile d'olive*** *parfumé à l'****ail*** *et au* ***romarin*** *frais ciselé. Ensuite, verser le bouillon. Avant de servir, ajouter 3 c. à s. de* ***crème fraîche de soja*** *et 2 c. à s. d'****herbes fraîches*** *ciselées.*

En accompagnement ou plat principal.

Brunoise de légumes au curcuma

Faire sauter pendant 2 min au wok divers ***légumes*** *taillés en brunoise (mini-cubes de 0,5 cm de côté). Ajouter ½ verre d'eau bouillante additionnée d'½* ***cube de bouillon végétal*** *et ½ c. à c. de* ***curcuma****. Laisser compoter à feu doux et à couvert durant 5 min. Rectifier l'assaisonnement en n'oubliant pas une pincée de* ***poivre noir****.*

Petite nage safranée de légumes

Commencer par blanchir des ***légumes blancs*** *(navets et chou-fleur). Poursuivre avec des* ***légumes verts*** *(brocolis, pointes d'asperges, mange-tout coupés en diagonale, haricots verts, tronçons de poireaux, chou frisé ciselé, choux de Bruxelles (délicieux à peine cuits, coupés en 2), dés de courgette (à ajouter en dernière minute). Puis des* ***légumes orange*** *(carottes, poivron, potiron). Ajouter quelques filaments de* ***safran*** *dans l'eau de cuisson. Remettre ce bouillon sur le feu pendant 5 min avec 2* ***échalotes*** *coupées en 4, 1* ***gousse d'ail****, ½* ***cube de bouillon*** *et une pincée de* ***sel****. Blender le bouillon avec 2 c. à s. de* ***beurre au lait cru*** *congelé. Verser 2 c. à s. dans chaque assiette et ajouter par-dessus les légumes réchauffés au wok (p. 104). En accompagnement ou plat principal.*

Tombée de pak choi au gingembre

Laver les branches de 2 ***pak choi****. Séparer les feuilles vertes des tiges blanches. Découper celles-ci en biseaux (cela change des tronçons). Dans un wok, verser 2 c. à s. d'****huile d'olive*** *et ½ pouce de* ***gingembre*** *découpé en fins cheveux. Y faire sauter durant quelques minutes les tiges les plus dures de pak choi. Ajouter les feuilles, les retourner deux fois.* ***Sel*** *et* ***poivre*** *du moulin.*

De Chine. Le pak choi est un chou chinois à côtes blanches et feuilles vertes, qui ressemble un peu à nos bettes à nous. On l'aime pour sa fraîcheur, sa richesse en vitamine C, en acide folique (vitamine B9) et en calcium.

Houmous de pois chiches aux pignons

Faire tremper dans de l'eau pendant 12 h 2 verres de ***pois chiches****, ensuite les rincer matin et soir pendant 24 h. Les cuire à la vapeur ou grande eau avec une* ***algue kombu*** *pendant 10 min, les passer au blender ou à l'extracteur (embout purée) avec 1 verre de* ***pignons****, 1 c. à c. de* ***cumin****, ½ c. à c. de* ***coriandre****, 2 c. à s. de* ***tahin*** *(purée de sésame) et 2* ***gousses d'ail****. Ajouter ¼ de verre d'****huile d'olive****, ¼ de verre d'****huile de sésame****, le jus de 2* ***citrons verts****, ½* ***cube de bouillon*** *et une bonne pincée de* ***sel****. Décorer avec des brins de* ***coriandre****.*

Hors-d'œuvre ou accompagnement.

On peut remplacer le blender par l'extracteur, accessoire purée.

Ma variante au sésame complet

Remplacer les pignons par un verre de graines de sésame complet prétrempé quelques heures.

Vous avez dit kombu ?

Cette algue va reminéraliser les pois chiches. Plus nécessaire cependant de l'ajouter aux pois chiches s'ils ont pré-germés, parce qu'ils auront déjà perdu leur acidité. Voir les mines parfois dévastées des macrobio purs et durs, dévoreurs à tout va de légumineuses mal préparées et donc super acidifiés et oxydés, à qui on devrait d'ailleurs proposer d'aller fumer un brin de moquette (bon, elle est certainement pas très basique !), histoire de les détendre un peu…

Tapenade d'olives noires et amandes

*Hacher finement ou passer au blender 1 bol d'***olives noires** *dénoyautées avec ½ bol d'***amandes** *épluchées, 1* **gousse d'ail** *pressée, ½ verre d'***huile d'olive**, **sel** *et* **poivre**. *Servir éventuellement sur des toasts de pain d'épeautre au levain et panacher avec de fines tranches de poivron rouge passé au four et épluché.*

Hors-d'œuvre ou accompagnement.

Tapenade de haricots blancs à l'aneth

Faire tremper dans de l'eau pendant 12 h 250 g de **haricots blancs secs**, *égoutter et faire cuire dans une grande quantité d'eau avec une* **algue kombu** *pendant 35 min. Égoutter. Passer au blender ou à l'extracteur (embout purée), assaisonner avec de l'***huile d'olive**, *de l'***aneth** *ciselé,* **sel**, **poivre**, *jus de* **citron vert** *et quelques* **pistaches** *pelées et grossièrement pilonnées.*

On peut remplacer les haricots blancs par des **azukis** (voir la recette ci-dessous, on en fait un peu plus et on se fait la tapenade le lendemain), lesquels ont un effet plus magique encore sur l'énergie des reins.

Dresser en quenelles sur une assiette pour accompagner un carpaccio de légumes et servir avec des toasts d'épeautre frottés à la purée d'ail (p. 102).

Salade rouge d'azukis

*Faire tremper dans l'eau pendant 12 h 2 verres d'***haricots azukis***. Les cuire pendant 45 min avec une* ***algue kombu ou aramé****. Égoutter et passer 10 sec à l'eau froide pour arrêter la cuisson. Mélanger avec 1 verre de* ***tomates confites*** *détaillées en petits morceaux, 1 verre d'***herbes fraîches*** *ciselées et ½ verre de* ***vinaigrette au tamari*** *(p. 80).*

Entrée ou accompagnement.

Variante 1. On se garde des azukis déjà cuits pour un minestrone.

Variante 2. On remplace les azukis par des lentilles vertes. Dans ce cas, les faire tremper pendant 12 h, ensuite les rincer matin et soir pendant 24 h avant de les cuire 10 min à la vapeur. Ensuite, on suit la même recette que pour la salade d'azukis.

CÉRÉALES ET LÉGUMINEUSES
EN ENTRÉE OU EN PLAT

Taboulé de millet à la coriandre et aux zestes de citron vert

*Faire tremper dans de l'***eau de source** *pendant 6h 2 verres de* **millet** *avec 1 pincée de poudre de* **curcuma**. *Égoutter et faire cuire à la vapeur 3-4 min. Refroidir avec un filet d'***huile d'olive**, *ajouter ½ verre de* **coriandre fraîche** *hachée, 1 c. à s. de zeste de* **citron vert**, *1 petit* **piment oiseau vert** *finement ciselé. Assaisonner avec des* **herbes fraîches (coriandre par ex.)** *et des* **épices aux algues** *(voir p. 147). Servir frais.*

Le **millet**, très riche en silice, est notamment excellent pour les cheveux. On peut le remplacer par du riz complet, basmati thaï par exemple.

Salade de riz au fenouil braisé

Cuire au cuit-vapeur 2 tasses de **riz mi-complet** *ou 1 tasse et ½ de* **riz complet** *et ½ tasse de* **riz sauvage** *pré-trempés minimum 6 h. Retirer de la casserole et laisser refroidir avec un filet d'***huile d'olive**. *Mélanger avec les lamelles braisées de 2* **fenouils** *(p. 104),* **des pépins de courge** *toastés à sec dans une poêle et déglacés au* **tamari**, *une pincée d'***épices aux algues** *(voir p. 147). Décorer avec des* **feuilles de basilic** *déchirées et des* **graines germées**. *Servir avec un coulis au choix.*

Galettes de polenta aux tomates confites

Jeter délicatement en remuant au fouet 200 g de ***polenta*** *instantanée dans ½ litre d'eau bouillante additionnée d'½* ***cube de bouillon végétal*** *et d'½ c. à c. de* ***sel****. Quand la polenta est prise (après 2 à 3 min), retirer du feu et assaisonner avec 1 c. à s. et ½ d'****huile d'olive*** *parfumée au* ***romarin*** *et 2 c. à s. de* ***tomates confites*** *(p. 92), émincées. Confectionner des galettes et réserver au frigo. Au moment de servir, faire blondir délicatement les galettes dans un filet d'****huile d'olive****.*

Variante : tranches de polenta aux aubergines confites

Remplacer les tomates confites par la même portion d'aubergines confites (p. 92), avec ou sans gingembre. Verser la polenta dans un plat à gratin. Lorsqu'elle est solide, la débiter en tranches ou en quartiers à réchauffer à l'huile d'olive avant de servir.

La polenta, comme le riz et le quinoa, ne contient pas de gluten. En plus, ces trois céréales sont les meilleures élèves dans la course aux bases. Donc, on les aime.

Trop de céréales nuit

De nature acidifiante, les céréales, même complètes, ne nous conviennent pas trop (voir BE p. 14). On en a néanmoins besoin pour assurer notre apport en glucose et donc en énergie. On se les dose donc...

Lasagne franchement belle et délicieuse

À l'aide de la mandoline, trancher très finement et dans la longueur 2 ***courgettes****, 2* ***fenouils****, 2 grosses* ***carottes*** *épluchées et 1* ***aubergine****. Écraser 2* ***gousses d'ail****, ½ botte de* ***persil*** *haché, mélanger avec ½ verre d'****huile d'olive*** *et une pincée de* ***sel****.*

Poser une feuille de papier sulfurisé sur une plaque allant au four, la badigeonner du mélange au persil et y poser les tranches de légumes. À l'aide d'un pinceau, remettre un peu de mélange par-dessus. Placer la plaque le plus haut possible et faire griller de chaque côté à température maximale durant 2-3 min. Réserver.

Faire cuire al dente un paquet de 250 g de ***feuilles de lasagne au blé dur****. Réserver sur un essuie propre.*

*Badigeonner d'****huile d'olive*** *un plat allant au four. Alterner couche de lasagne et couche de légumes en respectant si possible un étage par type de légume et en intercalant un petit bol de* ***tomates confites*** *grossièrement hachées et un peu de* ***sel****. Terminer par une couche de légumes.*

Poser par-dessus une feuille de papier sulfurisé. Appuyer du plat de la main pour tasser la lasagne. Avant de servir, passer au four 160°C pendant 15 min.

Servir tiède, décorer de quelques feuilles de roquettes, copeaux de parmesan et pignons grillés à sec. Accompagner d'un coulis de poivrons rouges ou jaunes (p. 76) (On peut aussi en mettre un peu entre chaque tranche de lasagne quand on la construit).

Risotto de quinoa au curry

*Dans une casserole, verser 2 c. à s. d'**huile d'olive**, 1 **échalote** douce hachée, 1 **gousse d'ail** hachée, 1 c. à s. de **romarin** ou de **thym** haché et faire revenir en douceur quelques minutes.*

*Ajouter 200 g de **quinoa** toasté à sec et ½ verre de **vin blanc**. Laisser évaporer sur feu vif. Ajouter ½ verre d'eau bouillante additionnée d'½ **cube de bouillon**, ½ c. à s. de **curry** et une pincée de **sel**. Ajouter un peu d'eau bouillante si nécessaire. Mélanger sans cesse. À bonne consistance, retirer du feu et rectifier l'assaisonnement.*

Des idées en plus

1. On ajoute ½ verre de tomates séchées mixées au blender.

2. On moule sur assiette avec un emporte-pièce (grandes surfaces et quincailleries), on se le sert façon hamburger entre deux tranches de ***butternut*** (potiron allongé) passé vapeur 2 min ou avec des légumes sautés au wok (p. 104) et un coulis au choix.

3. On adore aussi avec une fricassée de pak choi au gingembre (p. 107) et un coulis vert au cerfeuil (p. 84).

Risotto à la betterave rouge

Faire tremper dans de l'eau pendant 6h 2 verres de ***riz complet****. En casserole, faire blondir durant 3 min 2* ***échalotes*** *et 2* ***gousses d'ail*** *hachées dans un filet d'****huile d'olive****. Ajouter le riz égoutté, mélanger et mouiller avec ½ verre de* ***vin blanc****. Ajouter 4 verres d'eau bouillante, réduire le feu à la première ébullition, ajouter 1* ***cube de bouillon végétal*** *et laisser cuire pendant environ 1 h (jusqu'à ce que le grain de riz soit tendre sous la dent). Rajouter un peu d'eau bouillante si nécessaire. Retirer du feu et ajouter 2 verres de* ***coulis de betteraves rouges*** *(p. 76). Assaisonner avec des* ***épices d'algues*** *(voir p. 147), décorer avec des* ***graines germées****.*

Variante trop facile pour quand on n'a pas trop le temps

On se précuit un riz complet, genre basmati, et on se le colore avant de servir avec le coulis tout frais. On rectifie l'assaisonnement et on se régale tout de suite.

La betterave, on adore, c'est comme les framboises

Riche en acide folique (vitamine B9), ce légume racine regorge de nutriments antioxydants. Crue, finement émincée en salade, en carpaccio ou en coulis (mmh ! son goût de framboise, les enfants tombent quasi tous dans le piège quand on la prépare en coulis), elle acquiert enfin ses lettres de noblesse et se retrouve sur la table des grands chefs, donc même chez nous. En saison, on ose avec une pièce de gibier, un régal !

Couscous orange aux épices

Peler 2 ***carottes****, épépiner 1* ***poivron rouge****, les couper en biseaux. Peler 1* ***oignon****, le couper en croissants. Couper 2* ***gousses d'ail*** *en lamelles. Dans une casserole, verser un filet d'****huile d'olive****, les légumes, 1 c. à c. de* ***romarin*** *frais haché, ½ c. à c. de* ***curcuma****, 1* ***piment oiseau*** *(facultatif), ½ c. à c. de* ***grains de coriandre*** *et ½ c. à c. de* ***grains de cumin*** *grossièrement pilonnés. Laisser blondir 3 min. Mouiller avec 3 verres de* ***bouillon de potiron*** *frais ou congelé. Porter à ébullition, ajouter ½* ***cube de bouillon végétal****, ½ c. à c. de* ***sel****, laisser cuire à feu doux pendant 5 min. Ajouter 1 verre de* ***dés de potiron****, cuire encore 3 min. Ajouter 1 verre de dés de* ***courgette****, couvrir et retirer du feu. Servir avec de la* ***coriandre fraîche*** *et quelques* ***amandes*** *pelées et blondies dans un filet d'****huile d'olive****.*

Accompagner de semoule de blé (couscous) mi-complet assaisonnée avec du persil plat haché, un filet d'huile d'olive, un trait de jus de citron vert (facultatif) et des épices aux algues (voir p. 147). Ou encore, dissocier dans l'autre sens et servir avec un blanc de poulet ou un filet de dorade mariné aux épices (p. 130), ou encore une boule de chèvre enrobé d'herbes aromatiques fraîches hachées.

Pizzas comme en Sicile

*Ouvrir un sachet de **farine** spécial préparation pizza, ajouter **huile d'olive**, **sel** et **eau** comme indiqué sur l'emballage, préparer la pâte en boule et la faire lever pendant 45 min dans une pièce tempérée. Préchauffer le four chaleur maximale avec la plaque à pizza à l'intérieur. Couper en cubes de 2 cm 2 **courgettes** moyennes épépinées et pelées, les faire revenir 30 sec dans un filet d'**huile d'olive** additionné d'½ c. à s. de **romarin** frais et de 2 **gousses d'ail** hachées. Réserver. Sortir la plaque brûlante du four, la parsemer de 1 c. à s. de farine, y poser les pâtes à pizzas individuelles préformées au rouleau à tarte et perforées de quelques coups de fourchette. Cuire au four pendant 3 min.*

*Badigeonner d'un **coulis de tomates** (p. 76), **de poivron** (p. 76) ou **de potiron aux tomates confites** (p. 75), parsemer de cubes de **courgettes** et d'1 c. à s. par pizza d'**olives noires** dénoyautées et grossièrement hachées. Cuire encore 7-8 min jusqu'à ce que les bords des pizzas blondissent. Sortir du four, parsemer de **roquette**, de copeaux de **tomates confites** et d'un filet d'**huile d'olive** éventuellement piquante.*

Bon la tomate mais pas toujours

Il faut la cuire à l'huile pour pouvoir en dégager le lycopène, antioxydant royal, excellent pour la prostate et pour lutter contre le rayon singulet (oxydation solaire). Donc, on s'en fait des perfusions avant d'aller au soleil.

On se la déguste sous toutes ses formes en été, en pleine saison. Et on la fuit comme la peste en hiver où, avec ses relents d'ouate poissonneuse, elle ne nous apporte rien de bon, que de l'acide !

PROTÉINES ANIMALES
ENTRÉES

Tartare de saumon au caviar d'algues

Couper en petits dés 400 g de **saumon cru** *et le mélanger à ½ verre d'***huile d'olive***, 2 c. à s. d'émincé de* **blanc de poireau***, ½ c. à c. de* **sel***, 1 petit* **piment vert** *haché et le jus d'1* **citron vert***. Mouler dans un ramequin et retourner sur une assiette. Servir aussitôt. Si on le prépare à l'avance, on ajoutera le jus de citron tout juste avant de servir.*

Décorer avec 1 c. à s. de **caviar d'algues** (p. 90).

Carpaccio de maquereau à l'émulsion d'huître

Faire mariner pendant 30 min 300 g de **filets de maquereau** *coupés en petits dés avec 2 c. à s. d'***huile d'olive***, 1 c. à c. de* **gingembre** *râpé et ½ c. à c. de* **sel***. Mixer au blender la chair de 4 huîtres avec leur eau additionnée de 2 c. à s. d'***huile d'olive***. Servir les filets de maquereau passés à l'emporte-pièce sur assiette avec l'émulsion d'huître et parsemer de* **feuilles de coriandre** *ciselée.*

L'émulsion d'huître ne se conserve pas.

Salade fraîche de poisson cru au lait de coco et citron vert

Mélanger 500 g de **poisson blanc** *ultra frais coupé en petits dés avec 1 bouquet de* **coriandre** *fraîche ciselée, 1 c. à c. de* **gingembre** *râpé, le jus de 2* **citrons verts**, *2* **gousses d'ail** *pressées, 1 c. à c. de* **sel**, *1* **piment oiseau** *haché et ½ berlingot de 25 cl de* **lait de coco**. *Réserver au frais. Servir dans des verrines et décorer de lamelles de feuilles de coriandre.*

Gâteau de raie au fenouil

Passer à la vapeur 800 g de **raie**, *la dépiauter encore rose à l'arête. Mélanger avec 1 verre d'***huile d'olive**, *1* **piment vert** *haché, du* **persil plat** *ciselé, 1 jus de* **citron** *et du* **sel**. *Placer sur une assiette dans le fond d'un emporte-pièce, terminer avec 2 c. à s. de lamelles de fenouil marinées 30 min dans un mélange d'***huile d'olive**, *de* **citron** *et de* **sel**. *Poser dessus la salade de raie. Démouler et décorer avec quelques gouttes de* **vinaigrette au tamari** *(p. 80).*

Variante :

Remplacer le fenouil par une salade d'algues (voir BE).

PROTÉINES ANIMALES
PLATS

Cabillaud au gros sel et beurre blanc à la vanille

Placer au congélateur 2 c. à s. de **beurre au lait cru**. *Avec environ 250 g de* **gros sel** *recouvrir une queue de cabillaud de 1 kg et enfourner à 160°C durant 25 min (ou à 80°C en hypocuisson pendant 2h). Peler 2* **échalotes** *et 1* **gousse d'ail**, *les couper en morceaux. Presser le jus d'un demi-***pamplemousse jaune** *et jeter le tout avec ½ c. à c. de curry et 1 cm de* **gousse de vanille** *fendue dans 300 ml d'eau. Laisser réduire à feu vif pendant 10 min. Retirer la gousse après l'avoir grattée dans le bouillon.*

Passer le bouillon au blender avec le beurre très froid, parsemer de **ciboulette** *hachée. Réserver éventuellement dans un thermos pour qu'il reste chaud.*

Retirer le poisson du four, découper la peau au ciseau et prélever des portions. Dans une assiette creuse, verser un fond de beurre blanc par personne, déposer dessus une portion de poisson. Décorer avec quelques légumes vapeur al dente, du persil plat entier et une pincée de poudre de curry.

Farcis de chou vert au cabillaud et coriandre

Prendre 300 g de ***cabillaud*** *ou poisson cuit (vive les restes de la veille !), les détendre avec 2 c. à s. d'****huile d'olive*** *et ½ verre de* ***coriandre hachée****,* ***sel*** *et* ***poivre****, et les rouler dans 8* ***feuilles de chou*** *passées vapeur 2 min. Avant de servir, les réchauffer 2 min à la vapeur et les servir illico avec un coulis aux tomates d'été (p. 76).*

Filets de dorade marinés aux épices

Demander au poissonnier de lever les filets de 2 ***dorades*** *de taille moyenne. Les faire mariner au minimum 3h dans ½ verre d'****huile d'olive*** *additionnée d'1 c. à c. de* ***curcuma****, 1 c. à c. de paillettes de* ***piment séché****, 1 c. à c. de* ***thym*** *et* ***romarin*** *frais hachés et 1 c. à c. de* ***sel****. Marquer les filets recto-verso sur le grill, en commençant par le côté peau. Laisser refroidir sans toucher afin de ne pas défaire la chair. Juste avant de servir, terminer la cuisson au four 2 min à 180°C ou 10 min à 90°C.*

Bouillabaisse thaï minute

Débiter en gros cubes 800 g de ***poissons fermes*** *(lotte, cabillaud, saumon, ...). Les faire macérer durant 30 min dans 1 c. à s. de* ***poudre de curcuma*** *et 1 c. à c. de* ***sel****. Ajouter* ***grosses crevettes, coquillages****...*

Écraser dans un mortier 1 c. à c. de ***pâte de curry vert*** *(magasins thai) avec 4* ***cœurs de citronnelle*** *hachés, 1 c. à c. de* ***gingembre*** *râpé, 8 tiges de* ***coriandre*** *fraîche et 1* ***gousse d'ail****.*

*Verser dans le wok 1 filet d'****huile d'olive****, y faire revenir le mélange durant 2-3 min et le mouiller avec 400 ml d'eau bouillante additionnée d'½* ***cube de bouillon végétal****. Faire réduire à découvert pendant 10 min. Ajouter les morceaux de poisson et 6 tiges de* ***pak choi*** *coupées en biseaux, retirer le wok du feu et fermer avec le couvercle. Au bout de 4-5 min, ajouter les feuilles de pak choi, laisser encore 1 min. Ajouter au bouillon 1 c. à s. de* ***nuoc mam*** *(sauce de poisson fermentée – épiceries thaï et grandes surfaces), 5* ***feuilles de lime*** *déchirées, 1 verre de* ***lait de coco****, fouetter. Garnir les assiettes avec les poissons, le pak choi, une louche du bouillon, des feuilles de coriandre et de basilic thaï.*

Bar gros sel et caviar d'aubergines au gingembre

*Couvrir une plaque de **gros sel**, y déposer 2 **bars de ligne** de 600 g chacun. Recouvrir de gros sel. Cuire à 160°C pendant 20 min ou 1h15 à 80°C. Sortir du four, retirer le gros sel et la peau, lever les filets et servir avec un caviar d'aubergines (p. 89) ou une émulsion aux huîtres ou un coulis au choix.*

Variante :

On remplace le caviar d'aubergines par des quenelles de brocolis (voir p. 98).

Américain asiatique

*Découper en petits dés 400 g de **filet de bœuf** cru. Mélanger avec 4 **feuilles de lime** et 1 **piment vert** (facultatif) hachés. Ajouter 1 c. à c de **gingembre** en cheveux, ½ verre d'**huile d'olive** et ½ verre de **feuilles de coriandre** ciselées, le jus d'1 **citron vert**, le zeste d'1 **citron vert** émincé et 1 c. à c. de **sel**. Décorer avec des brins de **ciboulette** et parsemer d'**épices aux algues** (voir p. 147). Servir sur un carpaccio de concombre (p. 94).*

En cheveux le gingembre

On se le débite à la mandoline (plus petite griffe). Sinon avec l'économe, en tranches transparentes que l'on échevelle ensuite.

Filet de bœuf mariné au romarin

Faire découper 600 g de **filet de bœuf** *en tranches fines de 5 mm. Les faire mariner 6 h minimum dans 1 verre d'***huile d'olive** *additionné d'1 c. à s. de* **romarin** *ou de* **thym** *frais et 2 feuilles ciselées de* **laurier** *frais. Marquer 10 sec de chaque côté sur un grill incandescent. Servir aussitôt.*

Filets de poulet marinés aux épices

Faire mariner 3h min 500 g de **blancs de poulet** *découpés en fins filets d'½ cm d'épaisseur (le boucher peut s'en occuper) dans le même mélange que la marinade des filets de dorade (p. 130). Faire revenir doucement à la poêle et servir aussitôt.*

Magret de canard en hypocuisson et aux légumes croquants

Dégraisser 2 **magrets de canard** *et les cuire en hypocuisson pendant 45 min à 80°C. Sortir du four, couvrir et attendre 10 min avant de découper en tranches. Servir avec un* **coulis de betteraves rouges** *(p. 76), un assortiment de* **légumes pré-cuits** *et réchauffés au wok à l'ail et à l'huile d'olive parfumée au romarin (p. 104) ou des* **quenelles de légumes** *(p. 98).*

Blancs de poulet aux parfums de Bénarès

Badigeonner 2 ***blancs de poulet*** *de 500 g (ou 4 blancs de 250 g) avec 4 c. à s. d'****huile d'olive*** *assaisonnée d'1 c. à s. de* ***curry de Bénarès*** *et d'1 c. à s. de* ***tamari****. Faire cuire au four à 80°C pendant 45 min les blancs de 500 g (30 min pour les blancs de 250 g). Réserver pendant 10 min avant de trancher. On se garde la moitié pour se la servir le lendemain en salade ou en sandwiches avec des graines germées et des tranches d'avocat, un régal…*

Le curry de Bénarès est un curry doux additionné d'un peu de poudre de cannelle.

Rôti de bœuf aux herbes de Provence

*Passer au blender 3 c. à s. d'****herbes de Provence*** *fraîches ou séchées avec 3 c. à s. d'****huile d'olive*** *et 2 c. à s. de* ***tamari****. Badigeonner de ce mélange 1* ***rôti de bœuf*** *de 600 g ne dépassant pas une hauteur de 20 cm. Le faire cuire en hypocuisson à 80°C pendant 1h15-1h30. Attendre 10 min avant de découper et de servir.*

Le poulet du dimanche, sauce douce à la cannelle et au curry

Badigeonner 1 beau **poulet** *d'un mélange* **huile d'olive**, **curry de Bénarès** *et* **tamari**. *Le poêler 4 min recto-verso dans 4 c. à s. d'huile d'olive et le faire cuire en hypocuisson pendant 5-6 h à 85°C.*

Après cuisson, dégraisser les sucs, déglacer avec 1 verre d'eau bouillante additionnée d'½ **cube de bouillon végétal**. *Ajouter 4 c. à s. de* **crème fraîche de soja**. *Servir avec une compote de pommes vapeur ou une mousse à la papaye (p. 56), une purée de pommes de terre à l'huile d'olive ou des petites pommes de terre nouvelles non pelées, coupées en quartiers, mélangées avec un peu d'huile d'olive, des herbes fraîches et du sel, rôties au four à 160°C pendant 15 min.*

Me trompe-je ?

Mais on mélange les protéines (poulet), les glucides (pdt) et les fruits !

C'est pas du tout ce qu'on a appris avec Martine, elle est tombée sur sa tête ou quoi ?

Réponse de l'auteur : on se calme, les crasses (les bonnes) font partie du jeu et dimanche, c'est dimanche. On limite les dégâts avec cette belle recette saveur, on ne se met pas sa famille sur le dos simplement parce que l'on veut devenir ou rester une Bombe énergétique et puis après, on se fait une sieste ou une belle promenade en forêt, ou les deux, quand on s'aime, on ne compte pas !

TOUT DROIT SORTI DU **DÉSHYDRATEUR**

S'il n'est pas une priorité dans le kit des appareils de première nécessité, le déshydrateur trouve très vite sa place dans une cuisine énergétique. D'autant que les rendez-vous sont gourmands et surprenants. Et que l'appareil, après tout, est loin d'être impayable. On commence avec les 3 ou 4 plateaux livrés d'office et, très vite, on s'en commande en plus, tellement on prend le pli de cette méthode de cuisson qui se passe si facilement de nous.

Avantage : des nutriments qui restent intacts, enzymes en tête, car cuits à basse température, entraînant une digestion facile et une haute teneur en bases. Bref, on déshydrate pour arrêter d'acidifier !

Bonbons de fruits

*Peler et couper **mangues**, **bananes fifi**, **ananas**, **pommes**, **oranges**, **citrons** en tranches d'½ cm et les placer côte à côte sur les plateaux de votre déshydrateur. Les y laisser pendant 6h. Se déguste tout de suite. Si vous voulez les garder, apprenez à bien les cacher.*

Les zestes de citron et d'orange décoreront subtilement vos mousses et vos blancs-mangers.

*Pour les **tomates**, les couper en quartiers, les vider de leurs pépins et de leur eau. On les préfère séchées (12h) ou confites (6h), auquel cas on se les met au congélateur et on se les sort tout l'hiver. À offrir enrobées d'**huile d'olive** dans un joli pot en verre à la place du classique bouquet de fleurs. Vive les économies quand elles se transforment en jolis cadeaux gourmands !*

Cookies aux pommes et aux amandes

*Peler 1 kg de **pommes**, couper finement la moitié à la mandoline et les hacher grossièrement. Râper l'autre moitié. Mélanger avec 1 verre de **sirop d'agave**, 1 tasse de **dattes** dénoyautées et finement hachées et 1 c. à s. de **cannelle**. Former des biscuits et déshydrater à 40°C pendant 24h.*

Chips d'aubergines, de courgettes, de patates douces et de fenouil

*Même technique que pour les fruits mais on les trempe d'abord dans une coupe d'***eau de source*** additionnée de jus de ***citron vert****, de* ***piment vert frais*** *et* ***kifir*** *hachés menu ou on les trempe juste dans l'****eau citronnée*** *et on les saupoudre de mélange d'****épices aux algues*** *ou de* ***gomasio aux algues Nori****.*

Chips de bœuf

On se choisit un morceau de **bœuf premier choix** et on se le coupe en carpaccio. Même technique que pour les chips de légumes. Délicieux à l'apéro, pratiques pour une *lunch box* ou en voyage.

Amandes craquantes aux épices douces

Pré-tremper les **amandes** pendant 12h. On les pèle pour leur retirer toute acidité. On ne les pèle pas si on a déjà fait le plein de bases. Encore humides, on les roule dans un peu de mélange d'**épices aux algues** et on les déshydrate à 40°C pendant 36h. Un régal craquant pour des amandes qui gardent intactes toutes leurs qualités.

Galettes esseniennes aux tomates et graines de fenouil

Blender 1 verre de ***grains d'épeautre germés*** *(trempés 12h et rincés matin et soir pendant 48h) avec 1 verre et ½ de* ***graines de tournesol****, 4 c. à s. d'****huile d'olive*** *et 1 c. à c. de* ***sel de Guérande****. Huiler légèrement des feuilles de papier sulfurisé à dimension des étages du déshydrateur, verser la préparation, parsemer de* ***tomates déshydratées*** *finement ciselées et de* ***thym*** *séché, ou de* ***graines de cumin/fenouil*** *et laisser déshydrater pendant 12h à 40°C.*

Les Esseniens mangeaient déjà énergétique !

Intuitivement, ils avaient compris que pour garder vivants les nutriments magiques de leur pain, ils devaient le cuire en-dessous de 40°C. Pour cette raison, même s'il est conseillé de préférer le pain d'épeautre complet cuit au levain plutôt que le pain blanc pour faire le plein de sucres lents sans trop acidifier, on peut encore mal l'assimiler parce que cuit à des températures trop élevées. Ce que l'on évite évidemment avec ces galettes délicieuses et qui se font en un tour de blender !

Galettes aux pois chiches et aux amandes

Broyer 1 verre de ***pois chiches germés*** *et passés vapeur 5 min avec 1 verre de* ***graines de tournesol*** *et 1 verre d'****amandes blanches*** *trempées 6 h, 1* ***échalote****, 4 c. à s. d'****huile d'olive****, 2 c. à s. de jus de* ***citron****, 3* ***gousses d'ail*** *et 2 c. à s. de* ***poudre de curry****. Saler selon goût. Former des galettes rondes et faire déshydrater entre 24 et 36h à 40°C en fonction de l'épaisseur des galettes. Les retourner à mi-cuisson.*

LE **FOND** DE CUISINE

100 % bio, voir dans les magasins d'alimentation naturelle et, de plus en plus, dans certains supermarchés (voir *).

- Amandes entières* : à faire tremper 12h et à peler avant utilisation

- Beurre au lait cru : à conditionner en mini portions au congélateur

- Bouillon végétal bio obligatoire (les autres sont des poubelles) : en cubes ou en pot à doser à la cuiller.

- Céréales complètes* : amarante, boulgour, épeautre, sarrasin, millet, quinoa, riz complet (rond pour les risottos, long pour les salades, sauvage pour la texture et la couleur). Suivre les indications de cuisson sur l'emballage

- Épices aux algues : à faire soi-même, mélange pilé de 4 portions de graines de coriandre*, baies roses*, fleur de sel* et piment rouge en paillettes* et on double avec la même quantité de salade du pêcheur (magasins bio)

- Épices* : curcuma, curry, cannelle, vanille (chercher la vraie bourbon), graines de coriandre, de cumin et de cardamome, anis étoilé (ou badiane), poivre noir, safran…

- Farine* : épeautre mi-complète, en petite quantité (conserve mal)

- Feuilles de lime ou kifir (magasins asiatiques, se congèle facilement), tiges de citronnelle* et piments oiseaux frais*

- Huile d'olive de première pression à froid*

- Huile de noix*, sésame*, noisette, pépins de courge, carthame, argan, germe de blé : en petites bouteilles de verre, à conserver au frigo et à consommer dans les six mois.

- Galettes de riz* ou « pain des fleurs » au sarrasin, délicieuses craquottes sans gluten, légères comme un souffle de vent

- Gingembre frais*
- Gros sel et fleur de sel d'origine marine : de Guérande*, sel rose de l'Himalaya
- Herbes fraîches* : basilic, persil, ciboulette, thym, romarin...
- Légumineuses : lentilles vertes du Puy*, blondes ou corail*, pois chiches*, haricots azukis, haricots blancs*
- Salade du pêcheur : mélange d'algues (nori, dulse et laitue de mer) déshydratées
- Moutarde à l'ancienne*
- Oléagineux : amandes*, cajous*, pignons*, graines de tournesol, graines de sésame, pépins de courges
- Olives noires*
- Pain d'épeautre au levain
- Pâtes à l'épeautre (complètes ou mi-complètes) ou au blé dur* (blanches ou mi-complètes)
- Purée d'amandes blanches et tahin (purée de sésame)
- Rapadura (sucre de canne non raffiné)
- Sirop d'érable*
- Tamari *(sauce soja japonaise fermentée)
- Tomates séchées*
- Vinaigre de pomme ou de cidre non filtré*, vinaigre balsamique*, vinaigre de grenade

DU **MATOS** DE PRO

Ou les indispensables qui vous simplifient la vie, vous raccourcissent le temps en cuisine et vous font faire des miracles instantanés.

À y regarder de près, il n'y a finalement pas grand-chose…

La mandoline : (quincaillerie) pour couper les légumes en tranches toutes fines ; privilégier les modèles en inox avec pied (Gourmet)

Le blender : il nous en faut un tout bon qui broie bien les graines, fait des potages sans fils et des coulis au velouté parfait. Le meilleur est sans conteste le Vitamix. On oublie vite qu'on l'a payé cher et on ne peut plus s'en passer. Pour les célibataires, le Tribest, un petit format, est nettement plus abordable.

L'extracteur à tartrière remplacera la centrifugeuse à râpe pour réaliser des jus de toutes sortes, légumes verts compris. Le maître-achat : Solostar (permet aussi de faire des quenelles de légumes et des purées d'oléagineux).

Le déshydrateur : toutes les marques sont bonnes, choisir le premier prix.

L'emporte-pièce : pour faire de jolies présentations, en grandes surfaces ou dans une quincaillerie.

Le thermomètre de four : (quincaillerie) pour être sûr de la température du four quand on cuit en hypocuisson.

Le cuit-vapeur : permettant de cuire riz et légumineuses, offrant un compartiment vapeur et une fonction bain marie, nous, on plébicite le cuiseur à riz de Baumstal (diamètre 20 cm) avec compartiment vapeur en supplément.

Le grill en fonte : pour saisir rapidement viandes, poissons et marquer les légumes.

Le wok : à préférer en fonte, attention aux versions bon marché qui nous viennent de Chine et qui dégagent des molécules meurtrières.

Poêles anti-adhésives : les meilleures sont les Haeckman.

Germoir automatique : plus besoin d'arroser, tout se fait tout seul (arrosage automatique), en une semaine, vous avez une vraie forêt vierge, on alterne juste les plateaux pour être toujours servie en graines germées (Freshlife).

Laits végétaux maker : plus besoin d'acheter (cher quand même !) ces bricks de lait d'amande, de riz, de quinoa ou d'avoine, on se les fait à la maison en en tour de main.

L'osmoseur : pour dépolluer son eau du robinet et retourner à l'autarcie (voir BE p. 58) ou

Cruche filtrante : faire le tri, il y en a de bonnes et de moins bonnes (voir BE p. 61).

Le vitaliseur d'eau : pour redonner une bonne vie à notre eau du robinet, nettoyée mais toujours morte (voir BE p. 58).

La plupart de ces articles sont disponibles via le site

www.cuisine-energie.be

Nieuwpoort, la cuisine

LES CURES DÉTOX À NIEUWPOORT (Belgique)

Face à la mer, de 4 à 8 jours de détox gourmande et de cours de cuisine axés sur les produits de la mer. De quoi intégrer techniques et tour de main de la cuisine de l'énergie, le tout en se faisant du bien.

Spa : hammam, enveloppements d'algues fraîches, bains bouillonnants aux huiles essentielles, chromothérapie, massages énergétiques drainants et détoxinants, soins visage aux fluides végétaux, atelier de reconditionnement physique sur la plage.

Groupe de 8 à 10 personnes.

LES CURES DÉTOX GOURMANDES SUR CAÏQUE EN TURQUIE DU SUD

Une semaine de cabotage énergétique et gourmand, les plaisirs du soleil et de la mer en plus, sur un magnifique 2 mâts, tout teck et mahagony, 10 cabines doubles. À bord : temps pour soi, conférences, points recettes, ateliers de reconditionnement physique type yoga ou Pilates, massages énergétiques.

Inscriptions

Individuelles
Groupes privés
Incentive d'entreprises

Renseignements :
www.cuisine-energie.be

Index des recettes

Achevé d'imprimer en août 2009
sur les presses de l'imprimerie Leën Print (Eupen).